CATALOGUE GENERAL

DES

ILLUSTRATIONS

CONTEMPORAINES

PHOTOGRAPHIÉES

Format Carte de Visite

EN VENTE

CHEZ

CHARLES GAUDIN

117, Boulevard Sébastopol, 117

EN FACE LA RUE DU PONCEAU

PARIS

1862

CATALOGUE GÉNÉRAL

DES

ILLUSTRATIONS

CONTEMPORAINES

PHOTOGRAPHIÉES

Format Carte de Visite

EN VENTE

CHEZ

CHARLES GAUDIN

117, Boulevart Sébastopol, 117

EN FACE LA RUE DU PONCEAU

PARIS

IMPRIMERIE PARISIENNE. — DUPRAY DE LA MAHÉRIE ET Cie

26, Boulevard Bonne-Nouvelle (Impasse des Filles-Dieu, 3).

1862

COLLECTION ALOPHE

FAMILLES IMPÉRIALES ET ROYALES

S. M. l'Empereur.
S. A. I. la princesse Clotilde.
Louis XIV.
Louis XVIII.
Marie-Antoinette.
S. M. la reine Victoria.
S. M. la reine d'Espagne.
S. M. le roi d'Espagne (costume).
S. M. le roi d'Espagne (civil).

S. M. la reine d'Espagne et la duchesse Montpensier.
S. A. R. l'infante d'Espagne.
Le prince des Asturies.
Don Sébastien.
Le prince Couza.
Le prince d'Avila.
Le prince de Capoue.

MAISON DE L'EMPEREUR ET SOMMITÉS MILITAIRES

Maréchal Regnault de Saint-Jean-d'Angély.
Maréchal Canrobert.
Maréchal duc de Malakoff.
Maréchal Bosquet.
Général Roguet.
Général Fleury.
Général Mellinct.
Général Camou.
Général prince de la Moskowa.
Général Wimpffen.
Général Cler.
Général Morris.
Général de Montebello.

Général Niol.
Colonel Lepic.
Colonel Favi.
Colonel Smith.
Marquis de Cadore.
Comte de d'Andlau.
Baron de Menneval.
De Bourgoing.
D'Avilliers.
Marquis de Toulongeon.
Tascher de la Pagerie.
Docteur Conneau.
Larrey, chirurgien.
Abbé Laisne, aumônier.

Amiral Thrihouart.
Amiral Jurieu de la Gravière.
Abd-el-Kader.
Fuad-Pacha (costume).
Fuad-Pacha (civil).
Méhémet-Ali-Pacha.

Lavoestine, général de la garde nationale.
Maréchal O'Donnel.
Général Prim.
Frois-de-Fonds.
Général Garibaldi.

SOMMITÉS POLITIQUES ET DIPLOMATIQUES

Comte de Nieuwerkerke.
Comte de Viel-Castel.
Duc de Montebello, ambassadeur en Russie.
Lord Cowley.

Cardinal Patrizzi.
Monseigneur Cœur, ancien évêque de Troyes.
Bravo-Murillo.
Comte Zamoisky.

SOMMITÉS SCIENTIFIQUES, ARTISTIQUES ET LITTÉRAIRES

Cousin.
Dumas (père).
Roger de Beauvoir.
Houssaye (Arsène).
Pelletan (Eugène).
Saint-Hilaire (Barthélemy).
D'Audigier (Henri).
Fournier (Édouard).
Fournier (Marc).
Texier (Edmond).
Arago (Etienne).
Delaage (Henri).

Yvon.
Rossini.
Chopin.
Béranger.
Dantan.
Palizzi.
Desmarres (docteur oculiste).
Pasquier.
Salamanca.
Chabrillan.
Lucas (Hippolyte).

ARTISTES DRAMATIQUES

Talma.
Bressant (des Français).
Penco (Italiens).

Stievanek (danseuse).
Georgina (Délassements-Comiques).

COLLECTION ANTHONY

Abraham Lincoln, President U. States.
James Buchanan, Ex-Président U. S.
Gen'l Scott, Com. in Chief. U. S. Army.
Rev. Henry Ward Beecher.
Rev. E. H. Chapin.
Rev. Dr. Hawks.
Hannibal Hamlin, Vice Pres. of U. S.
Olivier W. Holmes, Autocrat of the Breakfast Table.
Horace Greeley, Editor N. Y. Tribune.
Edwin Forest, Tragedian.
Prof. Morse, Inventor Electro Mag. Tel.
Rev. Dudley Tyng.
Judge Roosevelt, of New-York.
N. P. Willis, celebrated author.
Elliott, artist.
Jas. Gordon Bennet, Ed. N. Y. Herald.
Church, artist.
William C. Bryant, Poet.
Miss Isabella Hinkley, favorite singer.
Lady Napier and sons.
Bishop Potter, of New York.
Page, Artist.
Alex. H. Stephens, Vice Pres. of Southern Confederacy.
Prof. Charles Anthon of Columbia Col.

Rev. Dr. Adams, of New York.
Paul Morphy, the Chess Champion.
James Watson Webb, Ed. N. Y. Courier and Enquirer.
Cassius M. Clay, Minister to Spain.
Hon D'I. S. Dickinson, former U. S. Senator from New York.
Bishop Delancey.
Rev. Dr. Cheever.
Lord Napier.
Jas. T. Brady, eminent lawyer of N. Y.
Rev. Dr. Cox.
Gov. Morgan of New York.
August Belmont, Agent of Rothschild.
Fernando Wood, Mayor of New York.
Col. Londer.
Col. John C. Fremont.
Rev. Dr. Mc Clintock.
G. P. R. James, cel. English novelist.
General Worth, U. S. Army.
Erastus Corning.
Henry A. Wise, late Gov. of Virginia.
John Tyler, Ex-President U. States.
Rev. Dr. Anthon.
Chief Justice Taney U. S. Supreme C.
Henry J. Raymond, Ed. N. Y. Times.
Chas. O'Conor, dis. lawyer of N. York.
Wm. L. Marcy, late U. S. Sec. of

State.
Rev. Dr. Taylor, of the Epis.Ch. N.Y.
Commodore Perry, U. S. Navy.
Chas. Sumner, U. S. Senate.
Rembrandt Peale.
General Wool, U. S. Army.
Major Gen'l Sandford, N. Y. S. Militia.
Martin Van Buren, Ex-Pres. U. States.
Stephen A. Douglas U. S. Senate.
Rev. Dr. Plummer.
Rev. Dr. Farley.
Bishop Hopkins, of Vermont.
Bishop Polk of Lousiana.
Harper Brothers.
Rev. Dr. Bangs.
Rev. Dr. Helden.
Chancellor Ferris of N. Y. University.
Rev. Dr. Cummings.
Kev. Dr. Creighton.
Rev. Dr. Sawyer.
Mrs. Sigourney, Poeless.
Hon. R. M. T. Hunter, U. S. Senate.
Hackett, celebrated comedian.
Wm. Vincent Wallace, Poet.
Henry T. Tuckerman, Poet.
Howell Cobb, late Sec. Treas. U. S.
Jas. Russell Lowell, Poet.
Girard Hallock, Ed. Jour. of Com.
W. Mason, U. S. Senate.
Isaac Toucey, late Sec. Navy.
Lathrop Motley, Historian.
Joshua R. Giddings, E. C. Consul Gen. to Brit. Am.
Lewis Cass. late Sec. State. U. S.
Hon. A. V. Brown, late Postmas. Gen. U. S.
Wm. H. Seward, Sec. State U. S.
Jacob Thompson of Mississipi.
J. C. Orr, late Speaker House Rep.
Hon. John P. Hale, U. S. Senate.

Lady Bury.
Adelina Patti, favorite Actress.
Gazzaniga,   —   —
Cyrus W. Field Esq.
John J. Crittenden, U. S. Senate.
Duke of Newcastle.
Earl of St. Germains.
Prince of Wales.
Wm. C. Bouck. late Gov. S. of N. Y.
Ed. Bates Attorney Gen'l U. S.
Gen'l Storms, New York S. Militia.
Chas. Mackay, Author.
Baron Stoekl, Russian Minister.
Judge Emmett.
Edwin Croswell, Ed. Albany Argus.
Rev. Dr. Vinton.
Rev. J. Poisal.
Dr. Valentine Mott, cel. Surgeon.
Group: Rev. Henry W. Beecher, Rev. Lyman Beecher, Harriet Beecher Stowe.
Rev. Bishop Bedell.
Judge Amasa J. Parker.
Rev. T. L. Cuyler.
Rev. Dr. Peaste.
Bishop Mellvaine.
Geo. Law.
John B. Floyd, late Sec. of War.
Gen'l Harney U. S. Army.
W. Young, Ed. of Albion.
Rev. T. F. R. Mercein.
Miss Hosmer, Sculptress.
Elijah F. Ward, M. C.
Daniel F. Tieman, late Mayor of N.Y.
Rev. Dr. Duffield.
Rt. Rev. Bishop Bailey, R. C.
Rev. Dr. Breckinridge.
Commodore Pauldin U. S. Navy.
Bishop Wainwright.
John C. Breckinridge late V. Pres. U. S.

Fitz Greene Hallock, Poet.
Rev. Thomas Dewitt, D. D.
Gen'l Paez, Pres. Venezuela.
Arch Bishop Hughes.
D. C. Broderick, late U. S. Sen. from California.
John Slidell, U. S. Senate.
Rev. Dr. Hutton.
Judge Black, late At. Gen'l U. S.
Isaac V. Fowler.
Bishop Baker.
Senator Bigler.
Dr. Lyman Beecher.
John Bell, U. S. Senate.
Rev. Dr. Matthews.
Wm. C. Preston, late Min. to Spain.
Hon. John Cochrane, dis. Mem. Con.
Silas Wright, former U. S. Sen. and Gov. S. of New York.
Franklin Pierce, Ex-Pres. U. States.
Hon. Edward Everett.
Dr. John W. Francis.
Jas. R. Whiting. em. lawyer N. V.
Parke Benjamin, Author.
Hon. Jhon Mckeon.
Francis B. Cutting, em. lawyer N. Y.
Geo. Opdyke.
Gov. Andrew of Massachusetts.
Ex Chancellor Bibb.
A. V. Stougton, em. lawyer of N. Y.
Lord Lyons, Midister f'm England.
Gen'l Bruce of suite of Prince of Wales.
Hon. Benj. F. Butler, em. lawyer N.Y.
Hamilton Fish, former Gov. of N. Y.
Hon. Sam'l J. Tilden, em. lawyer N.Y.
Hon. Robert J. Toombs, U. S. Senate.
Rev. Dr. Higbie.
Wm. Curtis Noyes, dis. lawyer N. Y.
Rev. Dr. Turner.
Marshall F. Bidwell, em. lawyer N. Y.

Rev. Dr. Hldich.
Rev. Dr. Krebs.
Rev. Dr. Clark, Cincinati.
Miss Hinckley, in character of page.
Wm. H. Seward State, Sec. U. States.
General Gaines.
Chancellor Kent.
Lord Brougham. This portrait arrested the attention of the Prince of Wales for its remarkable excellence.
John C. Calhoun.
Gen'l Mc Duflie of South Carolina.
Daniel Webster.
Lord Elgin.
Andrew Jackon, taken at the Hermitage. The only photograph in existence of the Hero of New Orleans.
Geo. Morehad.
Commodore Morris, U. S. Navy.
Dr. E. K. Kane, Arctic Explorer.
Humboldt. This photograph was sent by the venerable Humboldt to Mr. Brady, by the hands of Professor Morse. We know of none other in existence.
Wm. E. Burton, celebrated comedian.
Judge Story.
Wm. H. Prescott, historian.
Jas. K. Polk, Ex-President U. States.
Edgar A. Poe, Poet.
Jas. Fennimore Cooper, the em. nov.
Henry Clay; we believe this is the only photograph of this noble and beloved statesman.
Zachary Taylor, the hero of Buena Vista, former Pres. U. S.
Geo. Bancroft, Historian.
Sam Houston, Gov. of Texas.
John Q. Adams, a most exquisite portrait of the « old man eloquent. »
Albert Gallatin.

Joseph Lane, U. S. Sen. f'm Oregon . graph in existence of the author of the Sketch Boock.

Madame Anna Bishop, favorite actress.

Mrs. Hoey,

Booth, Tragedian.

Brignoli, Italian Opera.

Hon. Gerritt Smith, M. C. of N. Y.

— J. P. Harris M. C. from Virginia.

— A. J. Hamilton, M. C. from Tex.

— M. J. Crawford, Com. f'm Southern Con. to Washington.

— F. Etheridge, M. C. from Ten.

— L. T. Wigfall, U. S. Sen. f'm Tex.

Carl Schurz.

Hon. A. Johnson, U. S. Sen. f'm Ten.

Forsyth, Com. f'm South Con. to Washington.

Hon. W. K. Sebastian, U. S. Sen. from Arkansas.

Col. Berritt, Mayor of Washington.

Hon. J. Collamore, U. S. Sen. f'm Vermont.

Hon. J. J. Steven's, M. C. from Oregon.

— J. F. Simmons, U. S. Sen. from R. Island.

Hon. T. Ruffin, M. C. form N. Carolina.

Pearce, U. S. Sen. from Maryland.

Hon. J. B. Buffinton, M. C. from Massachusetts.

Hon. J. Covode, M. C. from Pen.

— J. B. Clay, of Kentucky.

— Ld. Bouligny, M. C. from La.

Hon. J. D. Bright, U. S. Sen. f'm Indiana.

— H. M. Rice, U. S. Sen. f'm Minnesota.

— L. Chandler. U. S. Sen. f'm Michigan.

— S. R. Mallory, U. S. Sen. f'm Florida.

— Henry Wilson, U. S. Sen. Mass.

— B. F. Wade, U. S. Sen, Ohio.

Mrs. J. J. Crittenden.

Hayne, Com. from South. Con. to Washington.

Hon. Wm. Pitt Fessenden, U. S. Sen. from Maine.

Hon. S. Foot, U. S. Sen. f'm Vermont

— J. Hickman, M. C. from Pen.

— B. Craige, M. C. from. N. Car.

— C. Durkee, U. S. Sen. from Wis.

— Jefferson Davis, First Pres. Con. States of America.

— Eli Thayer, M. C. from Mass.

— Gen'l Quitman, of Mississipi.

— Alfred Everson, U. S. Sen. from. Georgia.

— Preston Kin U. S. Sen. from N. Y.

— J. A. Gilmer, M. C. from N. Car.

— Geo. Briggs. M. C. from N. York.

— T. A. R. Nelson, M. C. Ten.

— M. R. N. Garnett, M. C. Va.

— Gov. Washburn.

— Owen Lovejoy, M. C. La.

— I. P. Miles, M. C. S. C.

Major Anderson. Taken at Fort Sumter.

Washington Irving. The only photo-

<hr>

En vente chez Charles GAUDIN, à Paris.

COLLECTION BULLA

Napoléon III.
Impératrice Eugénie.
Prince Impérial de France.
Garibaldi, en buste.
Garibaldi, demi-corps.
Reine d'Espagne.
Roi —
Roi de Portugal.
Napoléon Ier.
Victor-Emmanuel II.
Martin Luther.
Mozart en médaillon.
    — jouant du piano.
Horace Vernet.
Charlotte Corday.
Marie-Antoinette.
Petit roi de Rome.
Murillo.
Velasquez.
Ribera.
Paul.
Virginie.
Laure.
Héloïse.
Rosita.
Le petit Jules.
Le vrai bonheur.
Le sourire.
La petite Mimie.

Adieux de Marie-Antoinette (Bourse).
El Jaleo, dame espagnole (Giraud).
El Vito   —   —
Elle n'a jamais servi (Decoëne).
Rose d'amour (André).
Rêve au bonheur (André).
Reine des fleurs (Court).
Brenda (André).
Fleur de lys (Schlesinger).
Rose du Bengale (André).
Le chien malade (Grenier).
La bonne prise (Corréard).
Dignité et imprudence (Lander).
Mon Dieu, je vous donne mon cœur
    (Dubufe).
Jugement de Pâris (Roëhn).
Le curieux puni (de Villeneuve).
La cruche cassée (Greuze).
L'accordée du village (Greuze).
Maman dort (Drummont).
J' crois que j'suis dedans (Drummont).
La soupe (Pigale).
La besogne (Pigale).
Orphelins du guide (Giraud).
L'inondation   —
La petite bohémienne (Antigna).
La liseuse (Frère).
Pauvre famille (Antigna).
Parlez au portier (Rousseau).

Le madrigal (Baron).
Amis d'enfance (Landseer).
L'indiscret (Schlesinger).
Le plus têtu des trois (Hornung).
Plus heureux qu'un roi (Hornung).
Premier ténor   —
Descente du ravin (Grenier).
L'aura-t-il ?   —
Départ (permission de dix heures) (Gi-
    raud).
Retour (permission de dix heures) (Gi-
    raud).
Bethsabée (Dubufe).
Ondine (Muller).
Ariel (Bazin).
En serons-nous, sire ? (Bellangé).
La chemise enlevée (Fragonard).
Un vendredi (Decoëne).
C'est une grave affaire (Doré).
Le fidèle gardien (Grenier).
Les intimes (Landseer).
Les favoris   —
Les moissonneurs (Léop. Robert).
Les pêcheurs   —
L'improvisateur   —
La madone de l'arc.   —
Jacob et Rachel (Leloir).
Moïse sauvé   —
Tobie rendant la vue à son père (Le-
    loir).
Ruth dans le champ de Booz (Leloir).
Bacchus et Ariadne (Deveria).
Psyché enlevée par Zéphyr (Deveria).
Triomphe de Galatée   —
Enlèvement d'Europe   —
Antiope séduite par Jupiter   —
Flore et Zéphyr   —
Bacchus et Erigone   —
Junon allaitant Hercule   —
Jupiter et Sémélé.   —
Amour de Jupiter et Danaé   —

Minet (Francis).
Fidèle   —
L'abricot (Léon Noël)
Passe-passe   —
Désespoir de Psyché (Deveria).
Anchise et Vénus   —
Actéon et Diane   —
Mars et Vénus   —
Vierge à la ceinture (Murillo).
Immaculée Conception (Murillo).
    —   —   Louvre (Murillo)
Saint Joseph.   —
Mère de Dieu   —
Mater Dolorosa   —
    —   (avec le Christ). —
Vierge de Séville   —
Annonciation   —
Jésus, Marie, Joseph   —
Buste de l'Immaculée   —
Vierge au Rosaire   —
    —   au Chapelet   —
Enfance de Jésus   —
Sainte Elisabeth de Hongrie   —
Assomption de la Vierge (Poussin).
Vierge à la chaise (Raphaël).
Sainte famille   —
Christ sur la croix (Prudhon).
Jésus au jardin (Guide).
Descente de croix (Rubens).
L'ange Raphaël et Tobie (Jordano).
Sacré cœur de Jésus (Fanoli).
    —   de Marie   —
Vierge du Carmen (Deveria).
Vierge Marie (Leloir).
L'ange Gabriel (Leloir).
Sainte Philomène (Deveria).
Notre-Dame de Lorette (Deveria).
La charité (Dubufe).
L'espérance   —
Femme adultère 1° (Signol).
    —   2°

Jésus et la Samaritaine (Signol).
Qui me suit   —
Jésus et la Madeleine (Lesueur).
Mater Dolorosa (Tessier).
Denier de la veuve (Leloir).
Denier de César (Bazin).
Qui donne aux pauvres (Naudin).
Elisabeth de Hongrie (comte Calix).
Jésus chez Marthe (Fanoli).
J' te vois venir (Girardet).
Dernière revue, duc d'Orléans.
Derniers jours de bonheur.
Jésus expire sur la croix (Rubens).
La belle jardinière (Raphaël).
La vierge de Saint-Sixte (Raphaël).
Mère des anges   —
Le cygne (Felon).
La surprise   —
Nid d'oiseaux (Felon).
Le repos   —
Espiéglerie   —
Le serpent   —
L'odalisque   —
La toilette   —
Les esclaves   —
Le harem   —
La bayadère   —
Au bord du Nil   —
Le soir   —
Entrée au bain   —
Sous le bananier (Felon).
Le midi   —
Sarah la baigneuse   —
La colombe favorite   —
Fille d'Eve (Beaune).
Fille de l'air   —
Instruction morale (Calisch).
        —   religieuse (Lazerges).
Amour maternel, sommeil (Beaune)
        —   réveil   —
Sainte Thérèse (Girard).

Sainte Rose de Lima (Murillo).
La fuite (Alf. de Dreux).
Pur sang (Bonnemaisons).
Force   —
Chasse   —
Attente   —
Jésus mort sur les genoux de sa mère
    (Van Dyck).
Don Pedro II, empereur du Brésil.
Les 14 stations du Christ (14 feuilles).
Amazones de l'Hippodrome (Amelia).
Amazones du Cirque (Geoffroy).
    —   du Cirque (Hélène).
    —   du Cirque (Hester Moïse).
    —   du Cirque (Caroline).
    —   du Cirque (la grande Fé-
            licité).
La scène de Léonard de Vinci.
Jésus mis au tombeau (Titien).
Vierge au lys (P. de Cortone).
Vierge de la merci (Deveria).
Saint Michel (Raphaël).
Nativité (Corrège).
Fuite en Egypte (Deveria).
Vierge du bon secours (Deveria).
Ange gardien   —
Sainte Pauline   —
Divin pasteur   —
Jésus et les petits enfants   —
Institution du Sacré-Cœur   —
Jésus adoré par les anges   —
Cœur de Jésus, en pied   —
Cœur de Marie, en pied   —
Jésus au jardin avec l'ange   —
Cœurs de Jésus et Marie réunis (Chap-
    porry).
Madone de Brigwater (Raphaël.
Saint Vincent de Paul (Gosse).
Saint François de Paule   —
Saint Jean, évangéliste (Raphaël).
Saint Jean-Baptiste   —

Saint François d'Assise (Murillo).

Agonie du Christ (Lazerges).

Christ au linceul   —

Sainte Madeleine (Corrège).

Sainte Eulalie (Murillo).

Sainte famille (Overbeck).

Sainte Marguerite (Raphaël).

Sainte Trinité (Deveria).

Sainte famille (Coypel).

Sainte Anne instruisant (Murillo).

Mariage de la Vierge (Vanloo).

Vierge au berceau (Raphaël).

Mère de la providence (Jourdy).

Mère de la consolation (Pérugin).

Mater Dolorosa (C. Dolce).

Vierge au raisin (Mignard).

Saint Pierre (Chiaporry).

Saint Paul (Lavigne).

Moïse avec les tables de la loi.

Françoise de Rimini à Ravennes (Signol).

Empereur de Russie.

Duc d'Orléans.

Martin Luther, buste.

La princesse de Lamballe (Desnos).

L'hiver (Viekemberg).

Occupation de l'hiver (Viekemberg).

Présentation au temple (Thomas).

Jésus baptisé par saint Jean (Thomas)

Entrée de Jésus à Jérusalem   —

Jésus chez Simon   —

Jésus chassant les marchands   —

Pêche miraculeuse   —

Zachée reçoit Jésus   —

Multiplication des pains   —

Jésus au Calvaire   —

Séparation des Apôtres   —

Christ consolateur   —

La lectrice de la Bible (Vanloo).

Sainte Catherine (Pérugin).

Jésus enfant (Overbeck).

Daniel dans la fosse (Overbeck).

Jésus sur sa croix (Raphaël).

Sainte Françoise (Deveria).

Occupation de la sainte famille (Deveria).

Saint Ramon Nonato (Fanoli).

Sainte Thérèse et le Christ de saint Michel (Lasnier).

Ouvrez-moi (Overbeck).

Jésus retrouvé par sa mère (Overbeck).

Jésus caressant sa mère (Mignard).

Vierge au poisson (Raphaël).

Vierge au voile   —

Geneviève de Brabant (Steinbruck).

Saint Louis, roi de France (Lebrun).

Christ marchant sur les eaux (Ruyter)

Saint Nicolas (Deveria).

Spasimo (Raphaël).

Jeanne d'Arc (Guizard).

La Sainte famille (Overbeck).

La Vierge belle jardinière (Raphaël).

Descente de Croix (Jouvenet).

Abraham renvoie Agar.

La fuite (de Dreux).

La fontaine d'amour (Fragonard).

La toilette (Fragonard).

Le coucher (Vanloo).

Dolorida,   Algérienne (Colin).

Daja,   Indienne   —

Scheberazde, Turque   —

Yanki,   Chinoise   —

Fatmé,   Persane   —

Cerrito,   Napolitaine   —

Inès,   Espagnole   —

Vasiliki,   Albanaise   —

Le verrou,   —

La douce contemplation (Ducrot).

Faut-il bassiner votre lit?

Ma foi tant pis (comte Calix).

Il n'y pas de rose sans épines (Raifre)

Tu n'auras pas ma rose (Raifre).

Le propriétaire et son fumier (Brun).
Fins gourmets (Hasinclever).
Profonds politiques (Hasinclever).
Derniers adieux de Louis XVI.
Chien et bécasse (Landseer).
Bout de l'oreille et de la queue (Verlat).
Retour du maraudeur (Verlat).
L'inondation (Kiorboë).
Combat de cerfs   (Landseer).
Cerf aux abois   —
Mort du cerf   —
Chien et faisan   —
Chien et coq de bruyère   —
Chien et perdrix   —
Chien et oiseau des bois   —
Chien et lapin   —
Chien et canard   —
La fille du jardinier   —
Dévouement (Lecamus).
Cheval et gibier (Landséer).
Cheval et chiens dans la cour (Landseer).
La dîme (Landseer).
Retour de la chasse au faucon (Landseer).
Baiser du matin (Kiorboë).
Effroi, cheval et chiens (Kiorboë).
Cheval au box (Bonnemaisons).
Cheval au vert   —
Samedi soir (Landseer).
Dimanche matin (Landseer).
Baiser pris (Janet-Lange).
Baiser rendu   —
Mauvaise prise (Verheyden).
Ma foi tant mieux (comte Calix).
Gérard à la chasse (Grenier).
Oh ! le bon vin (Leuglet).
Oh ! la bonne pipe —
Fruit défendu (Corréard).
Coulisses de l'Opéra (Gavarni).

Cirque olympique (Teichel).
Pâris et Hélène (Guérin).
Dessous du chandelier (comte Calix.)
Si j'étais petit papier   —
Portière du couvent   —
La pendule   —
Le retour (Boucher).
Vénus et les amours (Boucher).
Secret (André).
Suzanne au bain (Bazin).
Allez, bonhomme, vos beaux jours sont passés (Bellangé).
Charles Ier (Van Dyck).
La famille de Charles Ier (Van Dyck).
Le Tasse et Eléonore (Lies).
Arrestation de Charlotte Corday (Scheffer).
Marguerite et Faust (Scheffer).
Ristori dans Macbecth —
Roi de Suède à cheval (Kiorboë).
—   buste   —
Napoléon III, demi-corps (Pinçon).
Eugénie, Impératrice, demi-corps (Pinçon).
Famille impériale (Thomas).
Ricasoli, d'après nature.
Cavour (Pinçon).
Louis XVI, dauphin (Hamann).
Le pape.   —
Nobles exilés de Naples (Lafont).
Garibaldi et l'île de Caprera (Lafont).
Caprera, vue de mer, et Garibaldi (Lafont).
Abeilard (Chiaporry).
Pétrarque   —
Bianca (Guet).
Angela   —
Souvenir (Chiaporry).
Amour   —
Doña Antonia, infante de Portugal.

Don Joaõ, infant de Portugal.
Don Luiz, duc d'Oporto.
S. M. Don Fernando.
L'eau (Brochard).
L'air —
La terre —
Le feu —
Le printemps (Brochard).
L'été —
L'automne —
L'hiver —
Mois de Marie, invocation (Deveria).
— offrande —
Vierge au livre (Raphaël).
Sainte Cécile (Leloir).
Transfiguration (Raphaël).
Christ aux anges (Lebrun).
Assomption de la Vierge (Titien).
Vierge au coussin (Raphaël).
Vierge à la perle —
Assomption de la Vierge (Murillo).
Sainte Madeleine —
Christ au Roseau (Guide).
Mater Dolorosa —
Mère des douleurs (Lazerges).
Annonciation (Jouvenet).
Jésus et la femme adultère (Titien).
Jésus lave les pieds aux apôtres (Titien).
Saint Charles Borromée (Lebrun).
Exaltation de la Vierge (Maratta).

Jésus et les enfants (Chiaporry).
Saint François de Paule (Lafont).
In me gratia (Murillo).
Sainte Rosalie (Deveria).
Vierge au pilier —
Sainte Ursule —
Notre-Dame de la Guadeloupe (Deveria).
Sainte Elisabeth (Deveria).
Sainte Brigitte —
Notre-Dame des affligés (Deveria).
Sainte Philomène assise —
Saint Joseph en pied (Murillo).
Saint Antoine de Padoue —
Passage en France (Giraud).
Rappel des chèvres —
Tout beau (Grenier).
Laitière suisse —
L'ours et le bûcheron (Verlat).
L'embuscade —
Le matin dans la prairie (Troyon).
Cheval dévorant son palefrenier (Giroux).
Vénus et Vulcain (Titien).
Neptune et Amphitrite —
Ariane et Bacchus —
Jupiter et Europe —
Vénus endormie —
Vénus éveillée —
Danaé —
Diane et Actéon —
Psyché et l'Amour (Girard).

En vente chez Charles GAUDIN, à Paris.

COLLECTION DESMAISONS

De Lamoricière, costume civil, en deux poses.
Le général de Lamoricière, en uniforme.
Le Rév. P. Lacordaire.
De Lamartine.
Le Sultan Abd-ul-Medjid.
Jules Favre.
Berryer.
Mgr Boudinet.
Mgr Chalandon.
L'Empereur de Russie.
L'Impératrice de Russie.
Kossuth.
Mgr Sibour.
Général Cavaignac.
Le général de Pimodan, en pied et en uniforme.
Orfila.
Le Courtier, prédicateur.
Le P. Ravignan.
Charette.
Larochejaquelein.
Cathelineau.
Beethoven.
De Maupas.
S. E. Mgr Magne.
Le général Comte d'Hautpoul.
Madame Récamier.

H. Herz.
Dufaure.
Thiers.
Maréchal Bugeaud.
François Arago.
Madame Emile de Girardin.
De Lamennais.
Général de Goyon.
Mgr le Comte de Niewerkerke.
Le docteur Mallat-Bazilan.
Monsieur Horace de Vieil-Castel.
Madame de Lamoricière, en deux poses.
M. de Falloux.
M. de Montalembert.
Le docteur Deleau jeune.
L'Empereur de Chine.
Scribe.
Maréchal Saint-Arnault.
Alexandra-Feodorowna.
Prince Charles de Wurtemberg.
Princesse Olga de Wurtemberg.
Cardinal Antonelli.
Pie IX.
Louis XVII, d'après un dessin fait en 1793, appartenant à M. le Comte de Vieil-Castel.
Paganini.
Garibladi, en pied.

Garibaldi, en costume de guerre.
François Schubert.
Le Comte de Chevigné, aide-de-camp du général de Lamoricière.
Mozart.
Gluck.
Haydn.
Tamberlick.
Meyerbeer.
Louis XVI.
Marie-Antoinette.
Madame Elisabeth.
Le Duc Pozzo di Borgo.
Béranger.
Guizot.
Goëthe.
Cousin.
Villemain.
Princesse de Lamballe.
Impératrice de Chine.
Léon Kreutzer, musicien compositeur.
Adolphe Adam.
J. Philipot, pianiste compositeur.
Séligman, violoncelliste compositeur.
Chateaubriand.
Coquerel.
Louis XVII, costume de cour.
Grand Duc Constantin.
Nicolas Alexandrovitsch.
Prince Gordschakoff.
Duc d'Angoulême.
Duchesse d'Angoulême.
Charles X.
Duc de Berry.
Duchesse de Berry.
Louis XVIII.
Duc d'Enghien.
Duc de Bourbon-Condé.
Henri de Larochejaquelein.
François II.
La Reine de Naples.

Georges Cadoudal.
Bonchamps.
Louis XI.
Louis XII.
Louis XIII.
Louis XV.
Sully.
Colbert.
Mazarin.
Charles IX.
Elisabeth d'Autriche.
Gabrielle d'Estrées.
Anne d'Autriche.
Marie de Médicis.
Catherine de Médicis.
M. de Voltaire.
J.-J. Rousseau.
David.
Baron Gros.
Girodet-Trioson.
Léon Lavedan, homme de lettres.
S. A. I. Marie Nicolaïewna, Duchesse de Leuchtenberg.
Grande-Duchesse Olga Fedorowna princesse Michel.
Grande Duch. Alexandra Josephowna, princesse Constantin.
Général de Sangro, général en chef du Roi de Naples.
De Cavour, ministre du Roi de Sardaigne.
Victor-Emmanuel, Roi de Sardaigne.
Marion Delorme.
Madame de Sévigné.
Mademoiselle de Lavallière.
Comtesse du Barry.
Mademoiselle de Fontanges.
Ninon de Lenclos.
Henri III.
Madame de Montespan.
Agnès Sorel.

En vente chez Charles GAUDIN, à Paris

Marie Touchet.
Madame de Maintenon.
Marguerite de Valois.
Cinq-Mars.
De Thou.
Amiral Coligny.
Turenne.
Roland, Ministre sous Louis XVI.
Charles VII.
Charles VIII.
Henri II.
Jeanne d'Albret.
Marie Leczinska.
Hortense Mancini.
Anne de Bretagne.
Lescure.
Saint Vincent de Paul.
Napoléon Ier.
Duc de Reichstadt.
Marie-Louise.
Joséphine.
Le Prince Eugène de Beauharnais.
Le Prince de Talleyrand Périgord.
Nicolas Ier.
le Baron Cuvier.
Mgr Affre.
Le grand Condé.
Henri IV.
Louis XIV.
Marie Stuart.
Jeanne d'Arc.
Marie-Thérèse d'Autriche.
Mademoiselle de Montpensier.
Madame de Staël.
Marquise de Pompadour.
Robespierre.
Madame Roland.
Comtesse de Lavalette.
Cardinal de Richelieu.
Lully.
Grétry.

Boïeldieu.
Hérold.
Géricault.
Emile Souvestre.
Soumet.
Pigault-Lebrun.
Charles Nodier.
Casimir Delavigne.
Vicomte Anatole Lemercier, député.
Kolb-Bernard.
Bosquet.
Canrobert.
Marquise de Larochejaquelein.
Mademoiselle Frezzolini.
Jaëll, pianiste du Roi de Hanôvre.
Sivori, violoniste.
Frantz-Liszt, pianiste compositeur.
Marchesi, professeur de chant, Conservatoire de Vienne.
Madame de Genlis.
Charlotte Corday.
Marat.
François Ier.
Diane de Poitiers.
Le grand-duc Michel.
Nicolas Ier, en pied.
Catherine II.
Maximilien, duc de Leuchtenberg.
S. A. Frédéric, grand-duc de Bade.
S. A. Louise, grande-duchesse de Bade.
La reine Hortense.
Luther.
Calvin.
Fénelon.
Bossuet.
Liszt (buste).
Henri Ketten (en pied), pianiste compositeur.
Mendelsohnn (buste).
Hummel.

Dupin aîné.
Ferdinand Favre.
Baron Thénard.
Michelet.
Juillerat père, ministre protestant.
Juillerat fils, homme de lettres.
Mademoiselle Mars.
Talma.
Le R. P. Sicart, de l'ordre des frères-
prêcheurs.
Le R. P. Leroy.
Le R. P. Chambeu.
Madame Royale.
L'abbé Edgworth.
Mademoiselle de Sombreuil.
André Chénier.
François II, roi de France.
Duchesse de Châteauroux, cour de
Louis XV.
Duchesse de Longueville, sœur du
grand Condé.
Comtesse de Grignan, fille de madame
de Sévigné.
Madame Deshouillères, poëte, règne
de Louis XIV.
Duchesse d'Etampes, cour de Fran-
çois Ier.

Duchesse du Maine, fille du grand
Condé.
Duchesse de Montbazon, cour. de
Henri III.
Madame de Parabère, cour du régent.
Duch. d'Entragues, cour de Henri IV.
Henriette d'Angleterre, cour de
Louis XIV.
Madame de la Sablière.
Philippe d'Orléans, régent.
Louise de Savoie, mère de François Ier.
Marguerite de Navarre, grand'mère de
Henri IV.
Duchesse de Chevreuse, cour de
Louis XIII.
La belle Ferronnière, cour de Fran-
çois Ier.
Mirabeau.
Condorcet.
Washington.
Walter Scott.
Lord Byron.
Le Dante, le Tasse, Arioste, Virgile.
Le général Scott Winfield.
Princesse Hélène, duchesse d'Orléans.
Cléry, dernier serviteur de Louis XV.

COLLECTION DISDÉRI.

FAMILLE IMPÉRIALE

S. M. l'Empereur.
S. M. l'Impératrice.
S. A. le Prince Impérial.
S. A. I. la Princesse Mathilde.
S. A. I. le Prince Jérôme.
S. A. I. le Prince Napoléon.
S. A. I. et Royale la Princesse Clotilde.

GROUPES

LL. MM. l'Empereur et l'Impératrice.
LL. MM. l'Empereur et l'Impératrice et le Prince Impérial.
S. M. l'Impératrice et le Prince Impérial.
LL. AA. le Prince et la Princesse Napoléon.

PRINCES ET PRINCESSES DE LA FAMILLE DE L'EMPEREUR

Comtesse de Montijo.
Duchesse d'Albe.
S. A. la Princesse Bacchiochi.
S. A. la grande-duchesse Hamilton.
S. A. le Prince Joachim Murat.
S. A. la princesse Anna Murat.
LL. AA. les princes Achille et Louis Murat.
S. A. la princesse Caroline Murat, baronne de Chassiron.
Duc d'Albe.
S. A. la princesse Julie Bonaparte.
S. A. le prince Joseph Bonaparte.
S. A. le prince Bonaparte de Canino.
S. A. le prince Napoléon Louis.
S. A. la princesse Bonaparte, comtesse de Primoli.
Comte de Primoli.
Enfants du duc d'Albe.
LL. AA. prince et princesse Antoine Bonaparte.
S. A. M. le prince Lucien Bonaparte.
S. A. la princesse Bonaparte Valentini.
S. A. le prince Pierre-Napoléon Bonaparte.
S. A. la princesse Lucien Murat.
Princesse Louise Murat, comtesse Rasponi.
Princesse Bonaparte Gabrielli.

S. A. la princesse Christine Bonaparte de Canino.

S. S. Pie IX.
Monseigneur le cardinal Antonelli.
Monseigneur de Ségur.
Monseigneur Landriot.
Le R. P. Bernard.
Monseigneur Level.
Monseigneur Pavy.

Monseigneur Larangeria.
Monseigneur Dufêtre.
R. P. Ratisbonne.
L'abbé Sanet.
Monseigneur le cardinal de Bonald.
Abbé Carron.
Évêque de Saint-Brieuc.
Monseigneur Dupanloup.
Monseigneur Duvaucoux.
Abbé de Lamennais.

PRINCES ET PRINCESSES FRANÇAIS ET ETRANGERS

Sa Majesté la reine Christine de Bourbon.
S. A. I. Madame la grande-duchesse Marie de Russie.
S. A. I. la princesse Eugénie de Leutchtenberg.
S. A. R. la princesse Josepha-Fernanda de Bourbon.
S. A. la princesse de Saxe-Weimar.
S. A. la comtesse de Montémolin.
S. A. R. la princesse de Capoue.
S. A. R. le grand-duc de Toscane.
S. A. R. la princesse Victoria de Bourbon.
Général prince Schakowskoy.
Général prince Gortschakoff.
S. A. R. le prince de Piémont.
S. A. R. le prince de Capoue.
Prince Paul Estherazy.
S. A. R. l'Infant Fernand de Bourbon.
Henri VII, prince de Reuss.
Prince François de Bourbon.
Prince José Guell y Renté.
Prince de Lieven.
LL. AA. II. les princes Serge Nicolas et Georges de Leutchtenberg.

S. A. le prince de Lichtenstein.
S. A. le comte de Montémolin.
Madame la duchesse douairière d'Albe.
Prince de Croy.
Prince Dimitry.
Madame la duchesse de Sutherland-Cromatie.
S. A. R. le prince d'Orange.
S. A. le prince de Saxe-Weimar.
Prince Alexandre Schakowskoy.
Duc de Villafranca.
S. A. R. le prince Wasa.
S. M. Victor-Emmanuel.
Prince de Villafranca.
S. A. R. le comte d'Aquila.
Prince de Furstemberg.
Prince de Lobkowitz.
Prince Obrenowitsch et princesse Obrenowitsch.
Général prince Orloff.
Prince Poniatowsky.
Prince de Radziwill.
Prince Zagiell.
Prince Michel Kotschoubey.
Prince Sapieha.
Comtesse d'Aquila.

Prince de Luxembourg-Montmorency.
Prince Troubetzkoy (Pierre).
Prince Troubetzkoy (Nicolas).
S. A. R. le prince de Wurtemberg.
Prince Stirbey.
Princesse Danilo de Monténégro.
Prince Hohenlohe.
Prince de Metternich.

Princesse de Metternich.
Prince Gaetani.
Prince Narischine.
Les princes Sayn-Wittgenstein.
Prince Scylla.
Madame la princesse de Solms-Bona-
    parte.

MINISTRES.

S. Exc. M. Billault.
S. Exc. M. Baroche.
S. Exc. M. de Chasseloup-Laubat.
S. Exc. M. Delangle.
S. Exc. M. le comte de Morny.

S. Exc. M. Magne.
S. Exc. M. le duc de Padoue.
S. Exc. M. de Royer.
S. Exc. M. le comte Walewski.
S. Exc. M. le comte de Persigny.

MARÉCHAUX

MM. Canrobert.
    Castellane (comte de).
    Mac-Mahon (de),
    Magnan.
    Narvaez.
    Niel.

MM. Pélissier,
    Randon,
    Regnault de St-Jean-d'Angely.
    Sabouroff.
    Saldanha (duc de).
    Soult (duc de Dalmatie).

AMIRAUX

MM. Armero.
    Bouët Adolphe.
    Bouët-Willaumez.
    Casy.
    Cécille.
    Duff.
    Dupetit-Thouars.
    Gawer.

MM. Grenffel.
    Grivel.
    Guillois.
    Hamelin.
    Hernoux.
    Jaurès.
    Jurien de la Gravière.
    Labrousse.

MM. La Susse (baron de).
    Le Barbier de Tinan.
    Parseval-Deschènes.

MM. Rich.
    Roncière-Lenoury (baron la).

GÉNÉRAUX

MM. Abadie (d').
    Achard.
    Akhmatoff.
    Algara (d').
    Allonville (d').
    Almonti.
    Ambert (baron).
    Aragon de Fitou (comte d').
    Bataille.
    Bazaine.
    Bernelle.
    Bibikoff.
    Bosco.
    Bougenel.
    Boutoorline.
    Brown (Georges).
    Bruce.
    Bruno.
    Cabrera.
    Camou.
    Castries (de).
    Chabaud-Latour (de).
    Chalons.
    Charron.
    Chasseloup-Laubat (de).
    Clapowski.
    Collin Campbell (lord Clyd).
    Concha.
    Courby de Cognord.
    Crillon (duc de).
    Damas (de).
    Delarue de Beaumarchais.
    Dumas.

MM. Durrieu.
    Elio.
    Espinasse.
    Fénélon.
    Fleury.
    Fontenoy.
    Forey.
    Forton (marquis de).
    Garibaldi.
    Gravillon (colonel de).
    Grouchy (marquis de).
    Glotoff.
    Gortschakoff.
    Grand.
    Gudin.
    Guédéonoff.
    Hankey.
    Hautpoult (marquis d').
    Herera.
    Hitte (de la).
    Howeley.
    Hurbal (d').
    Jusuf.
    Kalergis.
    Keredine (ministre de la marine du bey de Tunis).
    Klapka.
    Ladmiraut (de).
    Lassere.
    Lawrens.
    Lebœuf.
    Legrand.
    Levasseur.

MM. Liniers (de).
Lion (comte).
Liguy (de).
Lion (É.).
Longuerue (comte de).
Lucan (comte de).
Luz (vicomte de).
Macintosh.
Marion.
Martimprey (de).
Mellinet.
Mollard.
Monet (comte de)
Montebello (de).
Montfort (vicomte de).
Montréal (de).
Morris.
Motterouge (de la).
Nilidoff.
Noue (vicomte de).
Obreskoff (colonel).
Ouchakoff.
Oudinot (duc de Reggio).
Partouneaux (comte de).
Paté.

MM. Perrodon.
Pimodan (marquis de).
Polhès (baron de).
Prim.
Reille (colonel).
Reyau.
Richepance (baron).
Ridouel.
Rohan (duc de).
Rose.
Saint-Priest (de).
Schakowskoy (prince).
Schevitsch.
Sefer-Pacha.
Slade.
Stuart (major général).
Tchetverikoff.
Thiry.
Tinan (baron de).
Trochu.
Vauban (de).
Vercly (de).
Vinoy.
Wanderstjerna.
Werderewsky.

SOMMITÉS

Adleberg (comte).
Ahmed-ben-Randoura.
Ali-ben-Ismaël.
Ancona (S. Exc. d').
Antonini (S. Exc. le marquis).
Arlès-Dufour.
Azeglio (chevalier d').
Bacchiochi (comte).
Bacmeteff.
Barante (baron de).
Barbaroux, sénateur.

Barrot Ferdinand.
Barthélemy Saint-Hilaire.
Bassano (duc de).
Becdelièvre (de).
Benoît-Champy.
Bernutz (docteur en médecine, professeur).
Berryer, avocat.
Blucher de Walhstadt (comte).
Bœhtolsheim (baron de), secrétaire du roi de Bavière.

Boittelle, préfet de police.

Boreel de Hogelander (S. Exc.), ministre d'État (Pays-Bas).

Bou-el-Moghdad (cadi de Saint-Louis) (Sénégal).

Bourbon-Chalus (comte).

Bravo-Murillo.

Brongniart (Institut).

Bruce (lord Thomas).

Brunet (comte, camérier secret de S. S. Pie IX).

Bute (marquis de).

Cambacérès (duc de).

Canofari (ministre à Naples).

Cavour (S. Exc. comte de).

Clary (baron).

Corvisart, docteur en médecine.

Cowley (S. Exc. lord).

Cœllo de Portugal (S. Exc.), ambassadeur d'Espagne à Turin.

Cranworth (lord).

Decazes (duc).

Delioux de Salignac, Dr en médecine.

Devinck, député.

Duchâtel (comte).

Dubois.

Dupin aîné.

Douglas (marquis de).

Ehrmann, doyen de la Faculté de médecine de Strasbourg.

Elgin (S. Exc. lord).

Empis (Académie française).

Falloux (de).

Farini fils.

Flahault (S. F. M. le comte de).

Flamarens (comte de).

Forcade de la Roquette, sénateur.

Gatezowski, président du Conseil d'administration de l'école polonaise.

Gaëtani (prince).

Galve (comte de).

Gaujal (baron de).

Gladstone (lord).

Girardin (Mme de).

Girardin (Delphine Gay) (Mme de).

Gramont (S. Exc. le duc de).

Crandville (lord), duc Hamilton.

Gray (lord).

Gros (S. Exc. le baron).

Guizot.

Hassen-Hassen-ben-Kaïd.

Hébert, ancien ministre.

Heckeren (baron d'), sénateur.

Huguier, chirurgien en chef de l'hospice Beaujon.

Kertbeny, membre de l'Académie hongroise.

Lagrénée (S. Exc. de).

Lesseps (de).

Lévis (duc de).

Litchtenvelt (S. E.).

Lincoln, président des États-Unis.

Litta (duc de).

Lutteroth (de).

Manteuffel (comte de).

Malakoff (duchesse de).

Maupas (de), sénateur.

Mocquart.

Montebello (duchesse de).

Montebello (S. Exc. le duc de).

Morny (comtesse de).

Moustier (S. Exc. le marquis de).

Mussurus Bey (S. Exc.).

Nadasdy (comte).

Narischine (le prince).

Nélaton, docteur.

Nigra (S. Exc. le chevalier de).

Noailles (duc de).

Nothomb (S. Exc. baron de).

Orloff (comte Nicolas).

Ortolan, docteur (Faculté de Droit).

Osborn (sir William).

Ossuna (S. Exc. le duc d').
Païva (S. Exc. le vicomte de).
Palmerston (lord).
Paniggi.
Peabody (Américain).
Peel (sir Robert).
Petitot, statuaire (Institut).
Pidal (marquis de).
Pillet Will (comte).
Pourtalès (comte).
Recuerdo (comte del).
Rayneval (de).
Rianzarès (duc de).
Ricord (le docteur professeur.
Ribour, colonel.
Richemont (baron de).
Rogier (S. E. M. Firmin).
Sayn Wittgenstein (prince).
Schimmelpenninck (S. Exc. comte).
Sénart.
Sidney Herbert (sir).
Sidney (lord).
Stourdza (le prince).

Stratford (lord).
Strogonoff (comte).
Sutherland (duchesse de).
Szecsenyi (les comtes Odon et Bela),
   Hongrois.
Talissin.
Talleyrand (S. Exc. baron de), ambas-
   sadeur à Turin.
Thiers.
Tolstoy.
Tolstoy Elie (comte), hetmann des
   cosaques d'Otnenbourg.
Toulongeon (marquis de).
Turgot (S. Exc. marquis de).
Uruski (comte) Severin.
Uzès (duc d').
Van Tampest (lord).
Vefyk Effendi (S. Exc.).
Vely Pacha (S. Exc.).
Villamarina (marquis de).
Walewska (comtesse).
Worsley (lord).
Zaluski (comte).

ARTISTES PEINTRES

MM. Abel de Pujol.
   Beaucé.
   Bertall.
   Cham.
   Cogniet (Léon).
   Decamps.
   Durand-Brager.
   Galbrun.
   Ingres.

MM. Jadin.
   Labouchère.
   Lamy (Eugène).
   Lépaulle.
   Manassé-Effendi, peintre de Sa
     Hautesse.
   Marchal (Ch.).
   Robert Fleury.
   Vernet (Horace).

ÉCRIVAINS, AUTEURS ET COMPOSITEURS

MM. Albéric Second.
   Anicet Bourgeois.

Arban.
Beauvoir (Roger de).

MM. Bignicourt (de).
Caraguel (Clément).
Charles (Edmond).
Clapisson (Louis).
Dalarcas (Pedro Antonio).
Delaage (H.).
Doucet (Camille).
Empis (Académie française).
Enault (Louis).
Escande.
Feuillet (Octave).
Féval (Paul).
Gatayes (Léon).
Girardin (Emile de).
Gonzalès (Emmanuel).
Gounod (Ch.).
Guéroult.
Guttinguer.
Halévy.
Hervey de Saint-Denis.
Houssaye (Arsène).
Ivoy (Paul d').
Jourdan (Louis).
Karr (Alphonse).
Lacretelle (de).
Laya (Léon).
Lecomte (Jules).

MM. Loviot (Mme Fany).
Lucas (Hippolyte).
Mary Lafond.
Mazère.
Mélesville.
Mérimée (P.).
Mignet.
Moignot (l'abbé).
Monselet (Charles).
Musard.
Naquet.
Noriac (Jules).
Pène (Henri de).
Ponson du Terrail (vicomte).
Prévost-Paradol.
Rounat (de la), directeur de l'Odéon.
Saulcy (de), Institut.
Texier (Edmond).
Thomas (Frédéric).
Uchard (Mario).
Ventura del la Vega.
Verdi.
Villemessant.
Wolowski.
Yriarte (Carlos).

ARTISTES DRAMATIQUES

Aguillon (Mme) (théâtre de la Gaîté).
Alboni (Mme) (Théâtre-Italien).
Alphonsine (Mme) (Variétés).
Altière (Mme), cantatrice.
Ambroise (Opéra-Comique).
Angelini (Théâtre-Italien).
Arnal (Variétés).
Aymès (Opéra).
Balanqué (Théâtre-Lyrique).

Baratte (Mlle) (Opéra).
Barielle (Opéra-Comique).
Bauchet (Opéra).
Beaucardé (Ch.) (Théâtre-Italien).
Beaugrand (Mlle) (Opéra).
Bélia (Mlle) (Opéra-Comique).
Belval (Opéra).
Bengraff (Mlle) (Opéra).
Berthelier (Opéra-Comique).

Berthier (Opéra).

Bocage.

Bodin (Mlle) (théâtre du Vaudeville).

Bonnehée (Opéra).

Borghi-Mamo (Mme) (Théâtre-Italien)

Bossi (Mlle) (Porte-Saint-Martin).

Brassine (Mme).

Bressant (Mlle) (Théâtre du Vaudeville)

Bressant (Théâtre-Français).

Broban (Mme Madeleine) (Théâtre-Français).

Caroline (Mlle) (Opéra).

Carré (Mlle), pianiste.

Castellano.

Caussade (Opéra-Comique).

Cazeaux, (Opéra.)

Chaumont (théâtre du Vaudeville).

Christian (théâtre des Variétés).

Codine (pianiste).

Corali (Opéra).

Crétin (Mlle) (Opéra).

Crosti (théâtre de l'Opéra-Comique).

Danty (Opéra).

Darcier.

Deborah (Mlle) (Odéon).

Delannoy (théâtre du Palais-Royal).

Denain (Mlle) (Théâtre-Français).

Doche (Mme) (théâtre du Vaudeville).

Dorval (Mme).

Dubuisson (Mlle) (théâtre des Variétés).

Dufrène (Opéra).

Duplessy (Mlle) (théâtre du Vaudeville).

Duprez (Opéra).

Durand (Mlle) (Théâtre-Lyrique).

Duvernoy (Opéra-Comique).

Emarot (Mme) (Opéra-Comique).

Émelia das Neves, tragédienne portugaise.

Faivre (Mlles Amélie et Maria) (Théâtre-Lyrique).

Faure (Opéra-Comique).

Faure-Lefebvre (Mme) (Opéra-Comique).

Félicie (Mlle) (Théâtre Porte-Saint-Martin).

Félix (Mlle Dinah) (Vaudeville).

Félix (Mlle Lia) (Vaudeville).

Ferni (Angelo et Theresa).

Ferraris (Mme) (Opéra).

Figeac (Mme) (Théâtre-Français).

Fiocre (Mlles Louise et Eugénie) (Opéra).

Fix (Mlle Delphine) (Théâtre-Français).

Freret (Opéra).

Fromant (Théâtre-Lyrique).

Gardoni (Théâtre-Italien).

Gaspard (Théâtre de la Gaîté).

Girard (Mlle) (Théâtre-Lyrique).

Girardot (Théâtre-Lyrique).

Grazziani (Théâtre-Italien).

Grisi (Mme) (Théâtre-Italien).

Gueymard (Mme) (Opéra).

Gueymard (Opéra).

Guichard (Mlle) (théâtre de la Porte-Saint-Martin).

Guyon (Mme Emilie) (Théâtre-Français).

Hugon (Mme) (Théâtre-Français).

Hyacinthe (théâtre du Palais-Royal).

Jourdan (Opéra-Comique).

Jousset (Mlle) (Théâtre-Lyrique).

Kœnig (Opéra).

Lablache de Meric (Mme), cantatrice.

Lafontaine (théâtre du Gymnase).

Lagattu (Mlle Clémentine) (Théâtre de la Porte-Saint-Martin).

Lagier (Mme Suzanne) (Porte-Saint-Martin).

Lagrua, cantatrice.

Lalanne (Paul) (théâtre du Cirque de l'Impératrice).

Lamy (Mlle) (Opéra).

Laurent (Mlle) (Opéra).
Leclère (théâtre des Variétés).
Legrand (Paul) (Théâtre-Déjazet).
Legrand (Théâtre-Lyrique).
Lemaire (Opéra-Comique).
Lenfant (Opéra).
Léotard (Cirque de l'Impératrice).
Levasseur (Opéra).
Lesage (Théâtre-Lyrique).
Lionet (les frères) (chanteurs).
Livry (Mlle Emma) (Opéra).
Lovely (Mlle) (théâtre de la Gaîté).
Luguet (René) (th. du Palais-Royal).
Malézieux, chanteur comique.
Manoël (Cirque de l'Impératrice).
Marchisio (Mlle Barbara) (Opéra).
Marchisio (Mlle Carlotta) (Opéra).
Mario (Théâtre-Italien).
Marquet (Mlle) (Opéra).
Massol (Opéra).
Maupérin (Mlle) (Opéra).
Mechelaère (Opéra).
Mérante (Opéra).
Mercier (Mlle) (Opéra).
Michot (Opéra.)
Milanollo (Mme Theresa).
Moncelet (Mlle) (Opéra).
Monnier (Henri).
Monrose (Théâtre-Français).
Montaland (Céline).
Montaubry (Opéra-Comique).
Morando (Mlle) (Opéra).
Moreau (Mlle) (Théâtre-Lyrique).
Nantier-Didiée (Mme) (Théâtre-Italien).
Nathan (Opéra-Comique).
Nathan (Mlle) (Opéra).
Nelly (Mlle) (Porte-Saint-Martin).
Nourrit (Ad.).
Obin (Opéra).
Ozy (Mlle Alice).

Palianti (Opéra-Comique).
Parade (Vaudeville).
Parent (Mlle) (Opéra).
Pellerin (théâtre du Palais-Royal).
Penco (Mme) (Théâtre-Italien).
Petipa (Opéra).
Petipa (Madame Marie) (Opéra).
Pitteri (Opéra).
Pommeraye (Mlle de la) (Opéra).
Ponchard père.
Ponchard fils (Opéra-Comique).
Pradeau (théâtre du Palais-Royal).
Prilleux (Opéra-Comique).
Quéniau (Mlle) (Opéra).
Quidant, pianiste.
Raimbaut (id.)
Rémond (Opéra).
Ricquier (Mlle) (Théâtre-Français).
Ristori (Mme).
Robert-Roudin.
Roger (Opéra-Comique).
Rousseau (Mlle) (Opéra.)
Samson (Théâtre-Français).
Sax (Mlle Marie) (Opéra).
Saint-Urbain (Mlle) (Opéra-Comique).
Schlosser (Mlle) (Opéra).
Schneider (Mlle) (théâtre du Palais-Royal).
Ségaud (Mlle) (Opéra).
Seiffard (Mme de Franceschini).
Serène (Théâtre-Lyrique).
Simon (Mlle) (Bouffes-Parisiens).
Solange (Mlle) (Théâtre-Lyrique).
Stoïkoff (Mlle) (Opéra).
Taglioni (Mme).
Tamberlick (Théâtre-Italien).
Thaïs-Petit (Cirque).
Théric (Mlle) (Théâtre-Français).
Thèse (Mlle) (Ambigu-Comique).
Troisvalet (Mlle) (Opéra).
Troy (Opéra-Comique).

En vente chez Charles GAUDIN, à Paris.

Vadé (Mme) (Théâtre-Lyrique).
Vadé (Mlles) (Théâtre-Lyrique).
Vandenheuvel-Duprez (Mme) (Opéra).
Villiers (Mme) (Opéra).
Viardot (Mme Pauline Théâtre-Lyrique).
Vigne (Mme) (Cirque-Impérial).
Wartel (Théâtre-Lyrique).

COLLECTION DURONI ET MURER

L'Empereur d'Autriche.
L'Impératrice.
Groupe des mêmes.
Archiduchesse Sophie.
Archiduc Maximilien.
Archiduchesse Charlotte.
Archiduc Léopold.
— Albert.
— Guillaume.
— Ernest.
— Charles-Louis.
— Rainer.
Feld-marechal Radetzki.
— Gijulay.
— Dasper.
— Benedek.
— Wimpfen.
— Schlick.
— Prince Schwartzenberg
— Hess.
— Prince de Hesse.
— Welden.
— Urban.
Raucher, archevêque de Vienne.
Prince Metternich Winnenbourg.
Comte Thun.
Baron Hubner,
Comte de Schmerling.
Baron Way, Chancelier de Hongrie.
Le Pape avec les Prélats.

Cardinal Antonelli.
Monseigneur de Villecourt.
Reine de Naples.
Roi Charles-Albert.
Roi Victor-Emmanuel, en uniforme.
— en bourgeois.
— en buste.
— en profil.
Le Prince de Carignan.
Duchesse de Gênes.
Prince de Piémont.
Duc d'Aoste.
Groupe, prince de Piémont et duc d'Aoste.
Général Fanti.
— Cialdini.
— Lamarmora.
— Dho.
— Castelborgo.
— Mollard.
— Comte Annoni.
— Plom.
Vice-Amiral Falco.
Amiral Persano.
Ministre Farini.
Baron Ricasoli.
Ministre Ratazzi.
— Corsi.
— Minghetti.
— comte Nigra.

En vente chez Charles GAUDIN, à Paris.

Lafarina.
Valerio.
Marquis Palavicino.
Général Garibaldi.
Kossuth.
Pantaleo, R. P., Aumônier de Gari-
    baldi.
Ugo Bassi.
Général Türr.
Médici.
Colonel Missori.
— Zappella.
— Cattolini.
— Majocchi.
— Ferrari.
— Simonetta.
— Marquis Frecchi.
Lieutenant Arrigo.
Un Garibaldien.
Un Zouave pontifical
Princesse Létizia Bonaparte.
Prince Bonaparte fils.
Général Lamoricière.
— Wimpfen, de la Garde impé-
    riale.
— Bazaine.
— Ulrich.
— Granchamp.
— Laperouse.
— Couvin et ses aides-de-camp.
— Ulrich — —
— Grandchamp — —
Maréchal Nugent.
— Zellarich.
— Windisgratz.
— Prince Lichtenstein.
— — — jeune.
— Bianchi.
Baron Brück.
Ministre Mamiani.

Général de la Roua.
Ristori.
Ristori avec son mari.
Rachel dans Valeria.
Les sœurs Marchisio.
Pocchini, danseuse de la Scala, à
    Milan.
Conti.
Carminc.
L'abbé Lavigerie.
Docteur Jolerie.
Duc de Chartres.
Groupe du duc de Chartres, duc de
    Praslin et M. de Chabannes.
Noblesse Hongroise.
Pie IX.
Empereur de Chine.
Impératrice de Chine.
Roi du Hanovre.
Prince de Galles.
Mlle Dubois (Comédie-Française).
Mordini.
Nicotera.
Prince de San-Donato.
Prince Oscar de Suède.
Brofferio.
Poerio.
Maffci.
Général Petiti.
Bossi, danseuse de l'Opéra.
Lamarmora, en buste.
Princes royaux d'Italie, à cheval.
— et princesses en voiture.
Teresita Garibadi.
— avec son mari.
Toggenberg.
Jefferson Davis.
Passaglia (l'abbé).
Irma (Palais-Royal).

COLLECTION FRANCK

ROIS DE FRANCE

Pharamond.
Clodion.
Mérovée.
Childéric Ier.
Clovis Ier.
Childebert.
Clotaire.
Caribert.
Chilpéric.
Clotaire II.
Dagobert Ier.
Clovis II.
Clotaire III.
Childéric II.
Théodoric Ier.
Clovis III.
Childebert II.
Dagobert II.
Théodoric II.
Chilpéric II.
Charles Martel.
Childéric III.
Pepin-le-Bref.
Charlemagne.
Louis-le-Débonnaire.
Charles-le-Chauve.
Louis-le-Bègue.

Louis III.
Charles-le-Gros.
Eudes.
Charles-le-Simple.
Rodolphe.
Louis IV (dit d'Outre-Mer).
Lothaire.
Louis V.
Hugues Capet
Robert Ier.
Henri Ier.
Philippe Ier.
Louis-le-Gros.
Louis-le-Jeune.
Philippe Auguste.
Louis VIII.
Louis IX (saint Louis).
Philippe III (le Hardi).
Philippe IV (dit le Bel).
Louis X (dit le Hutin).
Philippe V (le Long).
Charles IV (le Bel).
Philippe VI (dit de Valois).
Jean le Bon.
Charles V.
Charles VI.
Charles VII.

Louis XI.
Charles VIII.
Louis XII.
François Ier.
Henri II.
François II.
Charles IX.
Henri III.
Henri IV.
Louis XIII.
Louis XIV.
Louis XV.
Louis XVI.
Louis XVII.
Napoléon Ier.
Napoléon II.
Louis XVIII.
Charles X.
Louis-Philippe Ier.
Napoléon III.

—

S. S. le Pape Pie IX.
Victoria, reine d'Angleterre.
Léopold Ier, roi des Belges.
Reine des Belges.
Isabelle II, reine d'Espagne.
Charles XV, roi de Suède.
Bernadotte,   —
Reine de Suède.
François II, roi de Naples.
Reine de Naples.
Frédéric-Guillaume, roi de Prusse.
Anne d'Autriche.   —
Marie-Antoinette.
            —   et ses enfants.
Marie-Thérèse-Charlotte, dauphine.
Princesse de Lamballe.
Madame Élisabeth.
Marie-Amélie.
Marie Stuart.
Alexandre Ier, empereur de Russie.

Ferdinand VII, roi d'Espagne.
Comte de Chambord.
Duc de Parme.
Duc Robert de Parme.
Duchesse de Parme.
            —   et ses fils.
Comte de Bardi, de Parme.
Princesse Marguerite, —
Princesse Alix,   —
Famille de Montemolin.
Duc de Berry.
Duchesse de Berry.
Duc d'Angoulême.
Duchesse d'Angoulême.
Prince de Condé.
Duc d'Enghien.
Famille Bonaparte.
Impératrice Joséphine.
Impératrice Marie-Louise.
LL. AA. II. prince Jérôme.
            —   prince Murat.
            —   princesse Murat.
Princesse Caroline Murat.
L. Bonaparte Paterson père.
J. Bonaparte Paterson fils.
Princesse Adélaïde.
Duc d'Orléans.
Duchesse d'Orléans.
            —   et son fils.
Comte de Paris.
Duc de Chartres.
Duc de Nemours.
Duchesse de Nemours.
Prince de Joinville.
Princesse de Joinville.
Duc d'Aumale.
Duchesse d'Aumale.
Duc de Montpensier.
Duchesse de Montpensier.
Duchesse Marie d'Orléans.
Duc de Wurtemberg.

Duc Philippe.
Prince de Saxe-Cobourg.
Princesse Clémentine.
Jean Sobieski, roi de Pologne.
Épisode de la bataille de Solférino.
Épisode de la guerre du Maroc.
Général Daigremont.
Général Delarue de Beaumarchais.
Général de Maud'huy.
Général Niol.
Général Sauboul.
Général Dembinsky, armée hongroise.
Général Türr,   —
Général Téléki,   —
Général Palfrey, armée américaine.
Général Gadot.
Général Lion.
Amiral O'Grady, marine anglaise.
Amiral Nelson,   —
Lafayette.
Colonel Brincourt, 1er de zouaves.
Colonel Moréno, commandant de Saint-Cyr.
Colonel de Franconnière, aide-de-camp du prince Napoléon.
Baron Gros, ambassadeur en Chine.
Barthe, ancien ministre.
Comte de Nieuwerkerke, directeur des Musées impériaux.
Comte de Saint-Georges, directeur de l'Imprimerie impériale.
Comte de Rasponi.
Comte de Bulow, ambassadeur de Prusse.
Prince Ghika, grand hospodar.
Philipps, président des États de Hollande.
Duc de La Rochefoucault.
Crémieux, avocat.
Nélaton, docteur.
Velpeau,   —

Grisolle, docteur.
Sichel,   —
Lord Wellington.
— Byron.
Prince de Talleyrand.
Voltaire.
Mirabeau.
Charrette.
Humboldt.
De La Rochejaquelein (Henri).
Lescure.
Mme Récamier.
Mme de Staël.
Jeanne d'Arc.
Bossuet.
Richelieu.
Mazarin.
Colbert.
Rubens.
Rembrandt.
Molière.
La Fontaine.
Boileau.
Washington.
Pitt.
Phranarong, ambassadeur de Siam.
Koonchauchancholi,   —
Premier ministre,   —
Sa femme,   —
                         —
Alary, compositeur.
Augier (Émile), homme de lettres.
Edmont About.   —
Comtesse d'Ash.   —
Batta, violoncelliste.
Barbier (F.), compositeur.
De Banville (Théodore), homme de lettres.
De Beaumont, homme de lettres.
Beauvallet (Léon),   —
Boïeldieu, compositeur.

En vente chez Charles GAUDIN, à Paris.

Comettant (Oscar), homme de lettres.
Chateaubriand, —
Deffès, compositeur.
Doucet (Camille), homme de lettres.
Deslandes (Raymond), —
Desnoyers (Louis), —
Delaage (Henri), —
Duvert, —
Desbarolles, —
Énault (Louis), —
Féval (Paul),
Géraldy, compositeur.
Gluck, —
Gounod, —
Geurdon de Genouillac, homme de lettres.
Geoffroy de Saint-Hilaire, homme de lettres.
Grangé (Eugène), homme de lettres.
L. Guillard, —
Gleizes (Achille), —
V. Hugo, —
Haydn, compositeur.
Halévy, —
Hesse, peintre.
De Jallais, homme de lettres.
Lacroix (Paul), —
Lacroix (Jules), —
De Lajarte, compositeur.

De Laurentie, homme de lettres.
Lauzanne, —
Lovy (Jules), —
Ch. de Matharel, —
Moineaux (Jules), —
Moreau (Eugène), —
Mozart, compositeur.
Muller, peintre.
Millet, scupteur.
Nuitter, homme de lettres.
Ponsard, —
Paulin, professeur au Conservatoire.
Ostrowski, homme de lettres.
Parizot, compositeur.
Paganini, violoniste.
Panofka, pianiste.
Pérignon, peintre.
De Riancey, homme de lettres.
Semet, compositeur.
Sarcey (Francisque), homme de lettres.
Sardou, homme de lettres.
C. Schubert, compositeur.
Thierry (Édouard), homme de lettres.
Thoré, —
Thiboust (Lambert), —
Vaez (Gustave), —
Vieuxtemps, violoniste.

ARTISTES DRAMATIQUES

Ariste, Comédie-Française.
Ambroise, Opéra-Comique.
Aubrée, Vaudeville.
Blondel, Gymnase.
Bazin, Variétés.
Barré, Comédie-Française.
Beletti, Italiens.
Blaisot, Gymnase.

Bressant, Comédie-Française.
— (costume de don Juan).
Berton, Gymnase.
Berthelier, Opéra-Comique.
Balanqué (costume), Théât.-Lyrique.
Beaucé, —
Brun (Abel), (cost.), Théâtre-Déjazet.
Boudeville, profess. de déclamation.

Blondelet, Variétés.
— (costume), Variétés.
Bonnet, Bouffes.
Brasseur (costume), Palais-Royal.
Bastien, Vaudeville.
Boisselot, —
Balard, —
Belval, Opéra.
Bouffé, Gymnase.
— costume, *Fille de l'Avare*.
Barielle, Opéra-Comique.
Charier, Variétés.
— (costume), Variétés.
Christian, —
Chaumont, Vaudeville.
Coralli, Opéra.
— (costume).
Camille, Folies-Dramatiques.
Cavé (costume), Théâtre-Féerique.
Chapuis, Opéra.
— (costumes), Opéra.
Dumestre, —
Dupuis, Gymnase.
Delannoy, Palais-Royal.
— (costume), Palais-Royal.
Dieudonné, Gymnase.
Delaunay, Comédie-Française.
Delaunay-Riquier, Théâtre-Lyrique.
Demarsy, Odéon.
Elleviou, Opéra-Comique.
Emmanuel, Odéon.
Fechter, Vaudeville.
Fauvre, Théâtre-Déjazet.
Fizelier, Palais-Royal.
— (costume), Palais-Royal.
Ferrier (Léon), Porte-Saint-Martin.
Forestier, Variétés.
Félix, Vaudeville.
France, Folies-Dramatiques.
Graziani, Italiens.
Grassot, Palais-Royal.

Guyon, Folies-Dramatiques.
Grenier, Variétés.
Geffroy, Comédie-Française.
Got, —
Guichard, —
Grillon, Théâtre-Lyrique.
Gabriel, —
Girardot, —
Gaspard, Gaité.
Geoffroy, Gymnase.
Hyacinthe, Palais-Royal.
Hyacinthe (costume), Palais-Royal.
Halbleib, Théâtre-Déjazet.
Hamburger, Vaudeville.
— (costume), Vaudeville.
Heuzey, Variétés.
Jouanni, Comédie-Française.
Jeault, Folies-Dramatiques.
Kalekaire, Palais-Royal.
Lagrange, Saint-Pétersbourg.
Leménil père, Saint-Pétersbourg.
Leménil fils, Gymnase.
Leroux, Comédie-Française.
Leclère, Variétés.
— (costume), Variétés.
Luguet (René), Palais-Royal.
Lekain, Français.
Luguet (costume), Palais-Royal.
Lhéritier, —
Landrol, Gymnase.
Latouche, Gaité.
Lassouche, Palais-Royal.
— costume de *Polichinelle*.
Laurent (costume), Porte-St-Martin.
Mirecourt, Comédie-Française.
Monva., Gymnase.
Métrème, Comédie-Française.
Meillet, Théâtre-Lyrique.
Monrouge, Variétés.
Monrose, Comédie-Française.
Michot, Opéra.

Mathien, Comédie-Française.
Michel (Alex.), Variétés.
Maillart, Comédie-Française.
Marck, Odéon.
— (costume), Odéon.
Munié, Vaudeville.
Nourrit, opéra.
Nathan, Opéra-Comique.
Noirot (costume), Délassements.
Niémann, Opéra.
Omer, Ambigu.
Octave (costume), Théâtre-Féerique.
Parade, Vaudeville.
— (costume), Vaudeville.
Pradeau, Palais-Royal.
Pellerin, —
Poirier, —
Provost père, Comédie-Française.
Provost (Eug.), —
Priston, Gymnase.
Pierron, Odéon.
Pastelot, Variétés.
Ravel, Palais-Royal.
Renard, Opéra.
Raynal, Théâtre-Lyrique.
Régnier, Comédie-Française.
Robin (costume), Délassements.
Roger, Odéon.
— (costume), Odéon.
Rey, —
— (costume), —
Rougemont, Cirque.
Reichardt, Londres.
Rolland, Variétés.
Samson, Comédie-Française.
Saint-Germain, Vaudeville.
Stanislas, Folies-Dramatiques.
Saint-Léon, Odéon.
— (costume), Odéon.
Sainte-Foy, Opéra-Comique.
Séguin, Théâtre-Féerique.

Talma, Comédie-Française.
Thierry (Émile), Variétés.
— (costume), —
Train, Gymnase.
Tacova, Bouffes.
Thiron, Odéon.
Valaire, Folies-Dramatiques.
Worms, Comédie-Française.
Vilfrid, Délassements.

—

Mmes

Arenhuise (costume), Stockholm.
Antonine, — Gymnase.
Alexandrine, — Théâtre-Lyrique
Adèle, — Ambigu.
Botalli, Milan.
Brohan (Augustine), Comédie-Franç.
Brohan (Madeleine), —
Brémont, Cirque.
Bloch. Gymnase.
Brindeau, Odéon.
Chenat (Léonie), (cost.), Variétés.
Cretienneau, — Châlet des Îles.
Crénisse, Palais-Royal.
— (costume), Palais-Royal.
Conti, Porte-Saint-Martin.
— (cost.), Porte-Saint-Martin.
Chevalier (Lucie), —
Cico, Palais-Royal.
— (costume), Palais-Royal.
Ducellier, —
Duval (Aline), —
Deschamps, —
Dolcy, Variétés.
— (costume), Variétés.
Dutertre (costume), —
Daudoird, —
— (costume), —
Dorléans, —
Dinah Félix, Vaudeville.
Doche, —

Dieudonné, Gymnase.
Daroux, Palais-Royal.
Dubouchet, —
Delahaye (costume), Odéon.
Dupuis, — Variétés.
Dugazon, Opéra-Comique.
Dabbas (Alex.), (cost.), Porte-St-Mart.
Dabbas (Julie) (cost.), —
Delahaye (costume), Odéon.
Duchatelet, Folies-Dramatiques.
Esther, Porte-Saint-Martin.
Essler (J.), Vaudeville.
Eugénie (costume), Hippodrome.
Favart, Comédie-Française.
Fontenelle, Gaîté.
Fromentin (costume), Variétés.
Faivre (Marie), Théâtre-Lyrique.
Faivre (A.) (cost.), —
Félicie, Porte-Saint-Martin.
Ferney, Théâtre-Déjazet.
Fiocre (costume), Opéra.
Fix, Comédie-Française.
Fleury (Emma), Comédie-Française.
Georges, —
Georgette, Palais-Royal.
— (costume), Palais-Royal.
Géraldine, Théâtre-Déjazet.
Gervais, Variétés.
Guyon, Comédie-Française.
Guyon-Jarry, Folies-Dramatiques.
Gillies (Ida), (cost.), Théâtre-Lyrique.
Girard, —
— (costume), —
Guichard (costume), Porte-St-Martin.
Griff (costume), Châlet des Iles.
Hugon, Comédie-Française.
Hannegresse, Vaudeville.
Hinry (Amélie), Variétés.
Hinry (Marie), —
Jouassin, Comédie-Française.
Janin (Rose), Palais-Royal.

Karoly, Odéon.
Keller, Variétés.
— (costumes), Variétés.
Kunzé, Bouffes.
Lambert (Marie), Gymnase.
Leménil, —
Lucie, Palais-Royal.
Léa (costume), Variétés.
Léonide, — —
Laurent (Eudoxie), Cirque.
— (costume), —
Leiter, Opéra.
Lambquin, Comédie-Française.
Lloyd, Conservatoire.
— (costume), Conservatoire.
Mars, —
Martine (costume), Palais-Royal.
Marty, Ambigu.
Meillet, Théâtre-Lyrique.
Melcy (L.), Palais-Royal.
Moreau, Théâtre-Lyrique.
Mélanie, Gymnase.
Méa, Odéon.
— (costume), Odéon.
Moïse, Variétés.
Mentz (costume), Folies-Dramatiques.
Madeline, Palais-Royal.
Milla (costume), —
Marguerite, (costume), Cirque.
Nathalie, Comédie-Française.
Nantier, Porte-Saint-Martin.
Othon, —
Picard, Odéon.
Ponsin, Comédie-Française.
— (costume), —
Prévost (Charlotte), (cost.), Pal.-Royal
Prost, Opéra-Comique.
Protat, Palais-Royal.
Pauline, Variétés.
De la Pommeraye, Opéra.
Quinot (Félicie), Folies-Dramatiques.

Roux (Hélène), Délassements.
Riquier, Comédie-Française.
Royer (Marie), —
Rey, Théâtre-Déjazet.
Ray, (Marie) (costume), Théât.-Déjaz.
Sax (Marie), Opéra.
Schneider, Palais-Royal.
— (costume), Palais-Royal.
Thèze, Cirque.

Thibaut, Théâtre-Déjazet.
Thierret, Palais-Royal.
— (costume), Palais-Royal.
Ugalde (costume), Opéra-Comique.
Ulric Lejars, Vaudeville.
Vadé, Théâtre-Lyrique.
Vadé (Caroline), Théâtre-Lyrique.
Victoria, Gymnase.

COLLECTION KEN

NOTABILITÉS ET CÉLÉBRITÉS DIVERSES

Assan-Ali-Khan , ambassadeur de Perse.

M. le duc d'Ascoli, secrétaire de S. M. le roi de Naples.

M. le comte Alberti, conseiller à la légation italienne.

M. le général Alexandre, commandant du Palais des Tuileries.

Bonaparte (d'après la peinture appartenant à M. le comte de Las-Cases), par Creuse.

M. Bondurand, Intendant militaire de la division de Paris.

M. Baranoff, général russe.

Mgr Collet, évêque de Luçon.

M. Concha, général espagnol.

Madame de Chabrillan.

M. Dombrowski, pianiste de la reine d'Espagne.

M. le général Drollenvaux.

M. le général Frossard.

M. le marquis de Foudras, homme de lettres.

M. le comte de Germini, directeur de la Banque.

M. le comte Gropello, ambassadeur de S. M. le roi d'Italie.

M. le général Guyod.

M. le comte Gabrielli, compositeur de musique.

La reine Hortense (d'après le pastel, par Isabey, appartenant à M. D. G. de A.).

Kamienski, colonnel polonais.

M. le duc de Larochefoucault-Doudauville.

M. le général Lechesne, gouverneur du palais des Tuileries.

Lelewel Joaachim, écrivain polonais.

L'Impératrice Marie-Louise (d'après le pastel par Isabey, appartenant à M. D. G. de A.).

Général Mieroslawski, polonais.

M. Musard fils, directeur de concert.

M. Georges de Momigny, compositeur de musique.

M. Naudin, Opéra-Italien.

Nasser-Ed-Dine, schah, empereur de Perse.

M. le général de Négrier.

M. le général Noizet.

M. Olozaga, ministre d'État de S. M. le roi d'Espagne.

Sa Sainteté le Pape Pie IX.

M. l'abbé Pauliet.

M. le général comte de Polignac, commandant militaire du palais de Fontainebleau.

M. le vicomte Ponson du Terrail, homme de lettres.

M. le comte Poniatowski, compositeur.

M. Palizzy, peintre.

M. Rembielinski, compositeur et pianiste.

M. le général Rollin.

M. le maréchal de Santa-Croz.

M. Semet, compositeur de musique.

M. le baron de Varaigne, préfet du palais des Tuileries.

M. le général Waldner.

M. le général Wisocki. (Pologne).

M. Weniawski, pianiste et compositeur.

ARTISTES DRAMATIQUES

Mlle Alice, dite la Provençale.

Mlle Amélie, (École-Lyrique).

Mlle Antonia, (Théâtre-Déjazet).

M. Bressant, (Théâtre-Français).

M. Brasseur, (Théâtre du Palais-Royal).

Mlle Crénisse.   —

Mlle Colombe, (Théâtre des Variétés).

Mlle Clémentine, (à la Fumeuse), (Théâtre-Déjazet).

Mlle Clémentine, (au Hamac).

Mlle. Clémentine, (en débardeur).

Mlle Céline, (Déjazet).

M. Desrieux, (Théâtre du Gymnase).

M. Delannoy, (Théâtre du Palais-Royal).

M. Désiré (Jupiter), (Théâtre des Bouffes-Parisiens).

 · —   (Mouche).

M. Duvernois.

Mlle Defodon, (Théâtre de l'Ambigu-Comique).

Mlle Dumas, (Théâtre-Déjazet).

Mme Doche, (Théâtre du Vaudeville).

Mlle Emilie, (danseuse).

Mme Ferraris (Opéra).

Mlle Emma Fleury, (Théâtre-Français).

Mlle Finette, (danseuse).

Mlle Flore, (Théâtre des Délassements-Comiques).

Mme Guichard, (Porte-Saint-Martin).

Mme Guyon, (Théâtre-Français).

Mlle Louise Girard (seule), (Délassements-Comiques).

Mlle Louise Girard, (Groupe).

M. Gentil, (Théâtre-Déjazet).

Mlle Joséphine, (danseuse).

Mlle P. Kid. (Théâtre-Déjazet).

M. Kalekaire, (Théâtre du Palais-Royal).

Mlle Lauters, (Théâtre des Variétés).

M. Lassouche, (Théâtre du Palais-Royal).

M. Luguet,   —

M. Léonce, (Théâtre des Bouffes-Parisiens).

M. Legrenay, (Théâtre-Déjazet).

M. Monrose, (Théâtre-Français).

M. Marchand, (Théâtre des Bouffes-Parisiens).

Mlle Millière, (Opéra).

Mlle Mélanie, (Théâtre des Délassements-Comiques).

Mlle Martine, (Théâtre du Palais-Royal).

Mlle Marguerite,   —

Mlle Marly (Anna), (Théâtre des Variétés).

Mlle Mignonne,   —

Eugénie Malakoff, dite la Toquée.

M. Pancani (Théâtre-Italien).

Mlle Rima, (Théâtre de l'Ambigu-Comique).

Mlle Rachel, danseuse.

Mlle Sax, (Opéra).

Mlle Sarolta, (Théâtre-Italien).

M. Samson, (Théâtre-Français),

Mlle Tonine, (Théâtre-Déjazet).

Mlle Tostée, (Théâtre des Bouffes-Parisiens).

Mme Ugalde, (Théâtre de l'Opéra-Comique).

Mlle Victoria, (Théâtre du Gymnase).

M. Hyacinthe, (Théâtre du Palais-Royal).

GALERIE DE DRESDE ET DE MUNICH

Suzanne au bain (Rubens).

Satyres et nymphes —

Danaé à la pluie d'or —

Jacob et Rachel (Castel-France).

Les trois Marie (Poussin).

Pierre et Paul (Rubens).

Rembrandt et sa femme (Rembrandt).

Bélisaire (Franz Girard).

Les Nymphes (Dietrich).

La sainte Trinité (Rubens).

Madone et les enfants —

Saint Georges (Fatton).

Madone (Raphaël).

Abraham et Agar (Werf).

Judith (Riedel).

Berger et Bergère (Netscher).

La fille d'Hérode (Dolce).

Saint Sébastien (Corregio).

L'essai musical (Slingeland).

La fuite en Egypte (Dietrich).

La Vanité (Georgione).

Samson et Dalilah (Rubens).

Mme de Maintenon.

Mlle de Lavallière.

GALERIE DES MARÉCHAUX.

Augereau.

Bellune.

Beurnonville.

Bernadotte.

Berthier.

Bertrand.

Brune.

Bessières.

Clarke.

Coigny.

Davoust.

Duperré (amiral).

Girard.

Gouvion de Saint-Cyr.

Grouchy.

Hohenlohe.

Jourdan.

Kellermann.

Lauriston.

Lannes.

Lefebvre.

Macdonald.

En vente chez Charles GAUDIN, à Paris.

Maison.
Marmont, duc de Raguse.
Masséna.
Molitor.
Mortier.
Moncey.
Murat.
Ney.

Oudinot.
Prince Poniatowski.
Serrurier.
Soult.
Suchet.
Trugnet (amiral).
Valée.
Vioménil.

COLLECTION MAYER ET PIERSON

FAMILLES IMPÉRIALES ET ROYALES

S. M. l'Empereur.

S. M. l'Impératrice.

S. A. le Prince Impérial.

S. M. l'Empereur avec S. A. le Prince Impérial, en voiture.

S. M. la Reine des Pays-Bas.

S. M. Dom Pedro V (feu roi de Portugal).

S. M. Louis Ier, roi de Portugal.

S. M. le roi de Wurtemberg.

S. M. Charles XV, roi de Suède et Norwège.

S. M. la reine Christine.

EN GROUPE

S. M. le roi de Suède.

S. A. R. le prince Oscar.

MM. le colonel de Castelnau, aide-de-camp de l'Empereur.

Le duc de Tarente, chambellan de l'Empereur.

Le comte d'Ayguesvives, écuyer de l'Empereur.

Hamelin, capitaine de vaisseau.

—

S. A. I. le prince Jérôme.

S. A. I. le prince Napoléon.

S. A. R. le prince Oscar de Suède.

Le prince Lucien Bonaparte.

Le prince Joseph Bonaparte.

L'abbé Bonaparte.

S. A. R. le prince des Pays-Bas.

S. A. R. le prince de Capoue.

La princesse de Capoue, Marie de Bourbon.

Le prince de Capoue, François de Bourbon.

S. A. R. le duc de Cambridge.

Le prince Henri VII de Reuss, avec S. E. le prince de Metternich.

La princesse Louise-Marie-Amélie de Brabant.

LL. AA. RR. et II. le duc et la duchesse de Brabant.

S. A. Mgr l'archiduc Joseph d'Autriche.

LL. AA. II. et RR. l'archiduc Maximilien d'Autriche et la princesse Charlotte.

LL. AA. RR. et II. Mgr l'archiduc Joseph d'Autriche, la duchesse de Brabant et la princesse Louise-Marie-Amélie.

S. R. R. Mme la duchesse de Brabant.

M. le prince d'Arembert.

Le Prince Adam Czartoriski,
—. — avec ses fils.
La princesse Czartoriska.
M. le prince de Monaco.
Mme la duchesse d'Albe.
Mgr de Bonnechose (archevêque de Rouen).

L. Bonaparte Paterson.
— — fils.
Mgr de Mérode, ministre de S. S. le pape Pie IX.
Le R. P. Lacordaire.
Le comte de Flandre.
Le cardinal Antonelli.

SOMMITÉS POLITIQUES DIPLOMATIQUES ET MILITAIRES

Abd-el-Kader.
Ali-Pacha (S. A.).
Le général Achard.
Ambassade siamoise.
Baciocchi (comte), premier chambellan de S. M. l'Empereur.
Baroche (président du Conseil d'Etat).
Billault (S. E.).
Le général Bentzmann, de l'expédition de Chine.
Benedetti (S. E.), ministre plénipotentiaire et envoyé extraordinaire de Paris à Turin.
Bourqueney (le baron de).
Broglie (le duc de).
Brunow (le baron de).
Buol (le comte).
Cabrera (le général espagnol).
Le général Camou.
Le maréchal Canrobert.
Cavour (le comte de).
Cécile (l'amiral).
Charner (l'amiral), expédition de Chine.
Clarendon (lord).
Clermont-Tonnerre (duc de), ancien ministre de la guerre.
Cowley (lord), ambassadeur d'Angleterre.
Congrès de Paris (1856).

Cramayel (le général marquis de).
Dembinsky (le général polonais).
Falloux (de), ancien ministre des Cultes.
Favre (Jules).
Flahaut (le comte de), ambassadeur de Paris à Londres.
Feruck-kan, ambassadeur de Perse.
Le général Fleury, aide de camp de S. M. l'Empereur.
Le général Forey.
Le général Forton.
Fortoul, ancien ministre des cultes.
Fould (S. E.), ministre des finances.
Le général Frossard, aide-de-camp de S. M. l'Empereur.
Hatzfeldt (le comte de), ambassadeur de Prusse.
Hubner (S. E. le baron de), ministre d'Autriche.
Le général Jacob, expédition de l'Inde.
Le général Kereddin, envoyé extraordinaire du bey de Tunis.
Kisseleff (S. E. le comte de), ambasdeur de Russie, à Paris.
Laflitte (Charles).
Larochefoucauld (le duc de).
La Rue (le général comte de), sénateur.
Latour-Maubourg (le marquis de.

Lawœstine (le général marquis de), général de la garde nationale.

Mac-Mahon (le maréchal de), duc de Magenta.

Manteuffel (le comte de), ministre de Prusse.

Martimprey (le général de), sous-gouneur-général de l'Algérie.

Mavrocordato (le général), ministre de Grèce.

Méhemmed-Djémil-Bey, ambassadeur de Turquie.

Metternich (le prince de), avec le prince Henri VII de Reuss.

Metternich (la princesse de).

Montalivet (le comte de).

Montauban (le général), expédition de Chine, sénateur.

Moutesquiou (le comte de).

Morin (le général), directeur du Conservatoire des Arts et Métiers

Morny (le comte de), président de la Chambre des Députés.

Morris (le général).

Moskowa (le prince de la).

Nazim-Bey, fils de Fuad-Pacha.

Négrier (le général).

Ney (Edgar), aide-de-camp de S. M. l'Empereur.

Nouc (le général comte de).

O'Donnell (le général).

Orloff (le prince).

Païva (S. E. le vicomte de), ambassadeur de Portugal.

Palmerston (lord).

Parceval-Deschkênes (l'amiral).

Pasquier (le duc).

Pélissier (le maréchal), duc de Malakoff.

Péreire (Emile).

Persigny (S. E. le comte de), ministre de l'intérieur.

Phoxai-Phra-Naroung (S. E.), ambassadeur des rois de Siam.

Pimodan (le marquis de).

Plénipotentiaires turcs du Congrès de Paris (1856) et leur suite (groupe de 23 personnages).

Regnauld de Saint-Jean-d'Angély (maréchal).

Le général Répond.

Rouher (S. E.), ministre.

Le maréchal Saint-Arnaud.

Le prince Saphia.

Le général Sauvan.

Talleyrand (S. E. le baron de).

Terceira (le de duc)

Le général Thomas.

Le général Todtleben, défenseur de Sébastopol.

Le général Trochu.

Le général Trotis.

Le maréchal Vaillant.

Villamarina (le marquis de), ancien ambassadeur de Sardaigne.

Walewski (S. E. le comte), ministre d'État.

Walewska (la comtesse).

CÉLÉBRITÉS ARTISTIQUES, SCIENTIFIQUES ET LITTÉRAIRES

Arban, chef d'orchestre.

Ary Scheffer, peintre.

Berger, professeur de billard.

Berlioz, compositeur.

Bonnefoy (l'abbé), prédicateur.

Carrier, sculpteur.

Caston (de), prestidigitateur.
Chabrillan (comtesse de), littérateur.
Michel Chevalier, sénateur.
Le docteur Conneau, médecin de l'Empereur.
Couderc, peintre, membre de l'Institut.
Daguerre.
David (Félicien), compositeur.
Delajarte, compositeur.
Mme Dreyfus, pianiste.
Escayrac de Lauture (le comte), de l'expédition de Chine.
Flandrin, peintre.
Geoffroy-Saint-Hilaire.
Gérard (Jules), tueur de lions.
Gounod, compositeur.
Herz, compositeur.
Houssaye (Arsène), littérateur.
Janin (Jules), littérateur.

Legendre, premier piston à Musard.
Litolff, pianiste.
Marc Schereck, violoniste.
Musard, chef d'orchestre.
Offenbach, compositeur.
Paccini, compositeur.
Le docteur Piorry.
Rossini, compositeur.
Schuloff, pianiste.
Thalberg, pianiste.
Tissot, poëte.
Le docteur Velpeau.
Wey (Francis), directeur de la Société des gens de lettres.
Wuile, clarinette-soliste.

—

Prisonniers autrichiens à la bataille de Magenta.
Soldat de Garibaldi.
Vriès, le docteur noir.

ARTISTES DRAMATIQUES

Abingdon (Mlle), Variétés.
Albert, Ambigu-Comique.
Alboni (Mme), Théâtre-Italien.
Angelini,   —
Anna (Mlle), Délassements-Comiques.
Arnal, Palais-Royal.
Barielle (Mlle), Bouffes-Parisiens.
Battaille, Opéra-Comique.
Bertha (Mlle), Grand-Théâtre de Bordeaux.
Blonda Baron (Mlle), Bouffes-Parisiens.
Bonnet,   —
Bosio (Mme), Théâtre-Italien.
Bressant (Mlle), Gymnase.
Brunetti (Mlle), Théâtre-Italien de Bruxelles.

Cabel (Marie), Opéra-Comique.
Caroline (Mlle), Hippodrome.
Carré (Mlle), Cirque-Impérial.
Célébrités de l'Opéra-Italien (groupe de).
Chabert (Mlle), Bouffes-Parisiens.
Cico (Mlle), Opéra-Comique.
Clarisse (Mlle), Cirque-Impérial.
Clodia (Mlle), Hippodrome.
Defodon (Mlle), Ambigu-Comique.
Déjazet (Mlle).
Del-Seddie, Théâtre-Italien.
Delaitre (Mlle), Ambigu-Comique.
Deschamps (Rose), Bouffes-Parisiens.
Desclée (Mlle), Gymnase
Desmonts, Bouffes-Parisiens.
Desvignes (Mlle),   —

Devoyod (Mlle), Théâtre-Français.
Désiré, Bouffes-Parisiens.
Désiré et Bonnet,   —
Désiré et Tostée,   —
Dupuis, Variétés.
Dupuy (Mlle), Opéra-Comique.
Dussy (Marie), Opéra.
Duvernoy, Bouffes-Parisiens.
Essler (Jane), Vaudeville.
Eydens (Mlle), Délassements-Comiques.
Faivre aînée (Mlle), Théâtre-Lyrique.
Faivre jeune (Mlle),   —
Faure, Opéra-Comique.
Ferraris (Mme), Opéra.
Fournier (Mlle), Bouffes-Parisiens.
Frezzolini (Mlle), Théâtre-Italien.
Francine (Mlle), Opéra-Comique.
Friedberg (Mlle), première danseuse à Saint-Pétersbourg.
Gabrielle (Mlle), Vaudeville.
Gardoni, Théâtre-Italien.
Garnier (Mlle), Bouffes-Parisiens.
Gérard (Louise), Délassements-Comiques.
Guichard (Mlle), Porte-Saint-Martin.
Guyot, Bouffes-Parisiens.
Henriette (Mlle), Délassements-Comiques.
Ida Klose (Mlle), Bouffes-Parisiens.
Jeanne (Mlle),   —
Julien (Mlle), Théâtre-Déjazet.
Lablache.
Lambert (Marie), Gymnase.
Lemercier (Mlle), Opéra-Comique.
Léonce, Bouffes-Parisiens.
Marchand,   —
Maria (Mlle), Théâtre-Déjazet.
Martin (Mlle), Chapelle impériale.

Marty (Mlle), Ambigu-Comique.
Mareschal (Mlle), Bouffes-Parisiens.
Mathilde (Mlle), Ambigu-Comique.
Mélanie (Mlle), Délassements-Comiques.
Mélanie (Mlle), Cirque-Impérial.
Ménier (Paulin), Théâtre de la Gaîté.
Messemacre, Ambigu-Comique.
Montaland (Céline), Porte-St-Martin.
Montaland, Théâtre de la Gaîté.
Mila (Mlle), Palais-Royal.
Nattier (Mlle), Bouffes-Parisiens.
Obin, Opéra.
Penco (Mme), Théâtre-Italien.
Paul (Jean), Bouffes-Parisiens.
Pfotzer (Mlle),   —
Pierson (Mlle), Vaudeville.
Pommeraye (Mlle de la), Opéra.
Ponchard père, professeur au Conservatoire.
Ponchard fils, Opéra-Comique.
Rachel, Théâtre-Français.
Rameau (Mlle), Délassements-Comiques.
Rigolboche,   —
Ristori (Mme), Tragédienne.
Rosati (Mme), Opéra.
Salvini, tragédien italien.
Taffanel (Mlle), Bouffes-Parisiens.
Tamberlick, Théâtre-Italien.
Tautin (Mlle),   Bouffes-Parisiens.
Tautin (Mlle) et Rose Deschamps,   —
Tayau,   —
Tedesco (Mme), Théâtre-Italien.
Telesinski, violoniste.
Tostée (Mlle), Bouffes-Parisiens.
Trebelli (Mlle), Théâtre-Italien.
Viardot (Pauline), Opéra.
Zucchini, Théâtre-Italien.

COLLECTION BOUSSETON ET APPERT

D'Arblay, père.

De Raynal, avocat général à la cour de cassation.

Grandguillot, rédacteur du *Constitutionnel*.

de Pommayrac, miniaturiste de l'Empereur.

Mgr Quinne, évêque de Londres.

Mgr Godefroid-Saint-Marc, archevêque de Rennes.

Le colonel Moréno, à l'école de Saint-Cyr.

Duchausvoy, général de division.

Amiral de Chabannes.

Neigre, général de brigade.

Général Le Pays Le Bonzolly, sénateur, commandant de Lorraine.

Général Hardy.

Général d'Exéa.

S. Exc. Baroche, ministre.

Hutin, médecin en chef de l'armée.

Arsène Houssaye, homme de lettres.

Marquis de Larochejacquelin, sénateur.

Général Montaudon.

Prince Czartoriski.

S. Exc. Vely-Pacha, ambassadeur.

Duc de Rianzarès.

S. M. la reine d'Espagne, mère.

Prince Orloff.

Mlle Mendès, danseuse (Opéra).

Mlle Suzanne Lagier (Porte-Saint-Martin).

Mlle Clémentine (Délassements-Comiques).

Mlle Defodon (Ambigu-Comique).

COLLECTION CARJAT.

Ahout (Edmond), *Opinion Nationale*.
Achard (Amédée).
Achard (Léon), (Opéra-Comique).
Adèle.
Adrien Paul.
Agar (Odéon).
D'Agoult (comtesse), Daniel Stern.
Aguillon (Gaieté).
Arago (Etienne).
Asselineau (Charles).
Aubrie (Théâtre-Français).
D'Audigier (Henri).
Audouard (Olympe), Papillon.
Aymard (Gustave).
Azevedo (Alexis).
Banville (de) (Théodore).
Barrielle (Opéra-Comique).
Barrière (Théodore).
Basset (Adrien-Robert).
Bataille (Charles).
Beaudelaire (Charles).
Baudit, peintre.
Baudit (André), peintre.
Bauer.
Bayeux (Auguste-Marx).
Bazin (François) , Conservatoire de Musique.
Beauvallet (Théâtre-Français).
Beauvallet (P.)
Belloy (marquise de).

Bénassit (Emile), peintre.
Benoît (docteur).
Berlioz (Hector).
Berthelier (Opéra-Comique).
Bertin (Odéon).
Berton (Gymnase).
Bloch (Jeanne).
Bocage.
Boisselot (Vaudeville).
Boniface (*Constitutionnel*).
Borie (Victor) (*Presse*).
Bouvallet.
Bougeart (Alfred).
Bourdet (Edouard), avocat.
Boutines (Théâtre-Français).
Boys (J. du).
Boyer (Adolphe), (*Publicité*).
Boyer (Philoxène).
Brayda (Lablache).
Brainne (docteur).
Brindeau (Mme Harville), du Vaudeville.
Brochard (J.), peintre.
Cabarrus (docteur).
Carjat (Etienne).
Carmouche.
Carpentier.
Carrey (Jules), peintre.
Carrier, (sculpteur).
Castellano (Ambigu).

Casalta colonel de l'armée garibaldienne.
Caston (de), (prestidigitateur).
Cellier (Francine), (Vaudeville).
Châlet des Iles.
Champfleury.
Chassin (Charles-Louis).
J. Chéry (Français).
Cladel.
Clairville.
Clotilde (Vaudeville).
Colombe (Variétés).
Coquelin (Français).
Corot, peintre.
Cortambert (Richard).
Couailhac.
De Courcelles.
De Conrtay (Vaudeville).
Couture (Thomas), peintre.
Danton (jeune), sculpteur.
Darimon (Alfred-René).
Daubigny, peintre.
Daudet (Alphonse).
Daudet (Ernest).
Daumier, dessinateur.
David (Félicien).
Delord (Taxile), (*Siècle*).
Debans (Camille).
Debonne (Odéon).
Debureau (Funambules).
Delaage (Henri).
Delacour.
Delsarte.
Dembioski (général).
Depret.
Derome (Charles).
Rose Deschamps (Français).
Désirée (Palais-Royal).
Dieudonné (Gymnase).
Doré (Gustave), peintre.
Dormeuil (Albert), Vaudeville

Dréolle (Ernest).
Dugué (Ferdinand).
Cardinal Dupont, archevêque de Bourges.
Durandeau, peintre.
Dusolier (Alcide).
Duval (Aline), (Palais-Royal)
Elward.
Erlanger, compositeur.
Des Essarts, (Emmanuel).
Faille.
Fage (A. de la).
Fargueil (Emilie), (Vaudeville).
Fauvel (docteur).
Favre (François).
Féval (Paul).
Febvre (Vaudeville).
Flamant (docteur).
Fonvielle.
Forge (Anatole de), (*Siècle*).
Franceschi, statuaire.
Frank (Edmond), pianiste.
Frère (Théodore), peintre.
Freslon, avocat.
Gall (Alicia), (Théâtre).
Galabert.
Gandon (Antoine).
Garait (Emile), (Théâtre).
Garcia.
Garibaldi (Giuseppe).
Gastineau (Philippe).
Gastineau (Benjamin).
Girardin (Emile de), (*Presse*.
Gleizes (*Siècle*).
Gonzalès (Emmanuel).
Gouget (Théâtre-Impérial.)
Grandguillot (*Constitutionnel*).
Grenier (Variétés).
Grietzinger.
Grisier père, professeur d'escrime.
Guiffrey, avocat.

Guttinguer.
F. Halévy.
Halévy (Ludovic).
Hamon, peintre.
Havin (*Siècle*).
Hénon, député.
Hermann, pianiste.
Hugon (Français).
Hyacinthe (Palais-Royal).
Hyème.
Heerzen (Alexandre).
Isabelle, bouquetière.
Isabey, peintre.
Jacquand (Claudius), peintre.
Jaïme fils.
Joly (Grange d'Or), photographe.
Jouany (Odéon).
Jourdan (Louis), (*Siècle*).
Kastner.
Karoly (Odéon).
Keller (Variétés).
Kime, (Gymnase).
King (Variétés).
Koeski (Charles-Edmond).
Labat (Paul) (Ambigu).
Lagier (Suzanne), (Porte-Saint-Martin)
Lallemand, dessinateur.
Lambert (Blanche).
Lambquin (Vaudeville).
Landelle (G. de la).
Lassouche (Palais-Royal).
Leblanc (Léonide), (Vaudeville).
Le comte de Lisle.
Leduc (Léouzon), (*Opinion natioanle*)
Legrand (Paul), Pierrot.
Lesueur (Gymnase).
Lionnet { Anatole. / Hippolyte.
L'Herminier.
Lloyd (Marie), (Théâtre).
Luchet (Auguste).

Lucas (Hippolyte).
Lucile (Casino).
Mathieu, (Gustave).
Mahalin (*Actualité*.)
Manvoy (Vaudeville).
Mareschal (Mlle), Bouffes.
Mariani (Variétés).
Massé (Victor).
Masson (Michel).
Morin (Edmond), peintre.
Meilhac (Henri),
Méry.
Melvil Blancourt.
Métra, compositeur.
Mewil.
Miot (Jules).
Mignonne (Variétés).
Moineaux (Jules).
Muller (Eugène).
Munié (Vaudeville).
Mustapha, pacha.
Mutée (théâtre).
Neftzer (*Temps*).
Nerbonneau.
Noriac (Jules).
Olga (Blanche), théâtre.
Olivier (Georgette), théâtre.
Omer (Ambigu).
Oudinot, peintre.
Pelletan (Eugène).
Parent, architecte.
Parfait (Noël).
Paris (Aimé).
Petit.
Piogey, docteur.
Plouvier (Edouard).
Pollet, graveur.
Préault, statuaire.
Provost (Palais-Royal).
Pujol (Abel de), peintre.
Quidant, pianiste.

QUATUOR { Armingaud, Mos. Jacquard Lalo.

QUATUOR { Chevillard, Morin, Sabatier, Viguier.

Rachel (Casino).

Rattazi.

Ravel (François), (Ambigu).

Renard (Opéra).

Renié, peintre.

Revillon.

Rillé (Laurent de).

Ristori (Adélaïde).

Robert (Fleury), peintre.

Rossini.

Rolland (Amédée).

Rousseau (Th.), peintre.

Sabatier (Gaveaux).

Sainte-Foy (Opéra-Comique).

Sardou (Victorien).

Schaeffer, peintre.

Semenow (de).

Scholl (Aurélien), (*Figaro*)..

Serres (Charles de), peintre.

Signouret.

Silly, théâtre.

Simon (Jules).

Sorgato, peintre.

Telefsen, pianiste.

Thèse (Angéline), Ambigu.

Thomas (Ambroise).

Thomas (Frédéric).

Tillemont, Opéra-Comique.

Tissot, peintre.

Tranchant (Alfred), *Patrie*.

Troyon, peintre.

Vacqueris.

Vaudin, *France Chorale*.

Velpeau, docteur.

Vestri, Italiens.

Viardot (Pauline).

Viardot.

Vibert, peintre.

Victor-Emmanuel, roi d'Italie.

Vincent (Charles).

Voillemot (Charles), peintre.

De Vos (Camille).

Wey (François).

Wihl (François).

Wihl (Louis) poëte.

Uttré, théâtre.

COLLECTION NADAR

MM. About (Ed.)
Achard (Amédée).
Antonia, écuyère.
Argout, (général d').
Azevedo.
Asselineau.
Augier (Émile).
Assolant.
Badiali.
Banville (de).
Bastide.
Becquerel.
Bertin (du *Droit*).
Bernard.
Bethmont.
Beyran.
Byam (général de).
Bonoldi, compositeur.
Boulanger (Louis).
Brindeau (Mme).
Brohan (Mlle Augustine).
Brouzine, amiral.
Carabi.
Cavaignac, général.
Chaix d'Est-Ange.
Champfleury.
Chapus (Eugène).
Chasles (Philarète).
Choler.
Ciceri.

Claudin (Gustave).
Courbet, peintre.
Cousin (Victor).
Crémieux, avocat.
Crémieux (Hector).
Crétineau-Jolly.
Canrobert, maréchal.
Caillat (Bouffes).
Dauzats.
David (Félicien).
Deguerry.
Delacroix (Eugène).
Delle Sédié.
Delord (Taxile).
Denière.
Deschamps (Antony).
Desnoyers (Louis).
Doré (Gustave).
Doauy (général de).
Dumas (père).
Dumas (fils).
Durand Brager.
Duval, docteur.
Désiré (Bouffes).
Elwart.
Ernanda.
Febvre.
Ferreyra (A.).
Feuillet (Octave).
Féval (Paul).

Feydeau.
Finette.
Fuad-Pacha.
Frémy.
Garnier-Pagès.
Gautier (Théophile).
Gérard de Nerval.
Gérôme.
Gigoux.
Girardin (Emile de).
Godard (en ballon).
Godfrend, maréchal.
Granier de Cassagnac.
Grisier.
Cuizot.
Hetzel.
Héricault (d').
Janin (Jules).
Jeanne.
Joigneaux.
Jeubinal.
Kalergis, général.
Karr (Alphonse).
Kelm (Bouffes).
Ketten.
Klatss (Mme).
Labiche.
Lacroix (Paul).
Lalandelle.
Lamartine (de).
Larchey (Lorédan).
Lesueur.
Lordereau (Réné).
Lucas (Hippolyte).
Luchet (Auguste).
Lherminier.
Lacroix (Jules).
Larchey, général.
Leroux (Pierre).
Marie, avocat.
May (Mlle).

Maquet (Auguste).
Martin (Edouard).
Martin de Noirlieu.
Meissonnier.
Meyerbeer.
Michelet.
Mirecourt (Eugène de).
Monod, pasteur.
Morny, comte de.
Murger.
Octavie.
Ouvrié (Justin).
Offenbach.
Paillard de Villeneuve.
Péligot.
Pelletan.
Pêne (de).
Perdonnet.
Péreire.
Philipon.
Pitre Chevalier.
Pollet.
Potel.
Prim, maréchal.
Ponson du Terrail.
Queniaux (Mlle).
Quidant.
Roger de Beauvoir.
Rose, général.
Rossa, évêque de Verdun.
Rossini.
Rousseau (Philippe).
Sand (Georges).
Scribe.
Saphir.
Sardou (Victorien).
Sauvage.
Serrano, maréchal.
Sina, baron.
Siraudin.
Sommerset, général.

Stendahl (Bayle).
Strauss.
Simon (Jules).
Taylor, baron.
Texier (Edmond).
Thalberg.
Torrico, général.
Trousseau, docteur.
Troyon.
Turgan.
horé.

Tamberlick.
Ulbach.
Vachette.
Wekerlin.
Veuillot (Louis).
Viennet.
Vigny (Alfred de).
Villemessant.
Ypsilanti, prince.
Zuchini.

COLLECTION NUMA FILS

Samson (Comédie-Française).
Régnier,   —
Bressant,   —   3 poses.
Montaubry (Opéra-Comique), 2 poses.
Ponchard,   —
Mlle Victoria (Gymnase-Dramatique),
   2 poses.
Kopp (Variétés), 10 poses.
Provost (Comédie-Française).
Mlle Emma Fleury, —   9 poses.
Mlle Riquer,   —   3 poses.
Mlle Blanche Pierson (Vaudeville),
   13 poses.
Mlle Léonie Leblanc,   —
   3 poses.
Mlle Martine (Palais-Royal).
Mlle Ducellier,   —   6 poses.
Mlle Abingdon (Variétés),   4 poses.
Mlle Bianca (Vaudeville),   10 poses.
Mlle Mélanie (Gymnase-Dramatique),
   10 poses.
Provost fils (Comédie-Française),
   2 poses.
Delaunay,   —
   4 poses.
Monrose,   —
   3 poses.
Geffroy,   —
Numa (Vaudeville), 5 poses.
Arnal (Variétés),   4 poses.

Mlle Monrose (Opéra-Comique),
   2 poses.
Mlle Delapommeraye (Opéra), 2 poses.
Priston (Palais-Roya), 8 poses.
Mlle Crénisse,   —   2 poses.
Mme Alexis (Vaudeville).
Mme Lambquin,   —
Mlle Duplessy,   —   2 poses.
Boisselot,   —   3 poses.
Mlle Guffroy (Bouffes),   4 poses.
Luguet (Palais-Royal).
Candeilh (Vandeville).
Saint-Germain,   —
Mlle Marie Leroux (Odéon), 2 poses.
Mlle Marie Lambert (Gymnase-Drama-
   tique), 2 poses.
Clément-Just (Cirque-impérial), 7 po-
   ses.
Francisque (Gymnase-Dramatique).
Lafontaine,   —
   2 poses.
Duvert, auteur dramatique, 2 poses.
Lauzanne,   —   3 poses.
De Biéville,   —
Mlle Scriwaneck (Variétés), 5 poses.
Hyacinthe (Palais-Royal), 2 poses.
Brasseur,   —
Pellerin,   —
Berton fils (Gymnase-Dramatique),
Dieudonné,   —

Prilleux (Opéra-Comique).

Laurent (Porte-Saint-Martin), 2 poses.

Mlle Pety, danseuse (Cirque-impérial),
  8 poses.

Mlle Guerbéroglio, danseuse, —
  3 poses.

Mlle Camilla, danseuse (Porte-Saint-
  Martin), 4 poses.

Mlle Frandzago, danseuse (Porte-Saint-
  Martin), 5 poses.

Mlle Adèle Chelde, danseuse (Porte-
  (Saint-Martin), 3 poses.

Mlle Coralie, danseuse (Cirque impérial.

Mlle Marie, danseuse (Cirque-impérial)
  4 poses.

Mlle Augustine, danseuse, —
  4 poses.

Mlle Clarisse, danseuse, —
  2 poses.

Mlle Rosine, danseuse, —
  2 poses.

Mlle Angelina, danseuse, —
  5 poses.

COLLECTION NUMA BLANC

Rossini.
Faure.
Montaubry.
Sivori.
Listz.
Couderc.
Laget.
Stockausen.
Barielle.
Troy.
Ricquier Delaunay.
Malézieux.
Marmontel.
Meyerbeer.

Henri Monnier.
Hermann.
Monrose.
Emile Ollivier.
Mme Taglioni.
Mme Dupont.
Mme Cabel.
Mme Monrose.
Mme Bertini.
Mme de Taisy.
Mme Prost.
Mme Riquier Delaunay.
Mme Bousquet.

COLLECTION PESME

Alexandre (Dlle), Opéra.
Amélie (Dlle), Cirque-Impérial).
Amélia (Dlle), Hippodrome.
Antonine (Dlle), Gymnase.
Auriol, Deux-Cirques.
Argentine (Dlle), Porte-Saint-Martin.
Adams (Dlle), ballet de Covent-Garden.
Atterville. —
Adorcy (Dlle), Gaîté.
Adèle (Dlle), Porte-Saint-Martin.
Alida (Dlle), Palais-Royal.
Aline (Dlle), Opéra.
Anglo-Américains (groupes), Hippo-
   drome.
Albert, Variétés.
Adrien, Folies-Dramatiques.
Alexandrine, Porte-Saint-Martin.
Albrecht, Gymnase.
Angelini, Italiens.
Alexandre, Délassements-Comiques.
Amédée, Folies-Dramatiques.
Anna (Dlle), Porte-Saint-Martin.
Athalie (Dlle), Vaudeville.
Alexandre, Variétés.
Augustine (Dlle), Opéra.
Alboni (Mlle), Italiens.
Arnal (Dlle), Bouffes-Parisiens.
Anna (Dlle), Délassements-Comiques.
Antonia (Dlle), Théâtre-Déjazet.
Adolphine (Dlle), Gaîté.

Alice Theric (Dlle), Français.
Alice (Dlle), Délassements-Comiques.
Bonnehée, Opéra.
Baratte (Dlle) —
Balson (Dlle) —
Beauchet —
Baugrand (Dlle) —
Berthier —
Bertrand —
Bengraff (Dlle) —
Bourguignon aînée (Dlle) —
Bourguignon jeune (Dlle) —
Bréard (Dlle) —
Brunette (Dlle) —
Brache Choralie (Dlle) —
Bazin, Variétés.
Berton, Gymnase.
Boiron, Folies-Dramatiques.
Bressant, Français.
Blanchard (Mme), Ambigu.
Bataille, Théâtre-Lyrique.
Buisson (Dlle), Opéra.
Brindeau, Odéon.
Bource, Ambigu.
Belin (Dlle), Cirque-Impérial.
Boutin —
Blaisot, Gymnase.
Berthier, régisseur de la danse,
   Opéra.
Blanche (Dlle) Folies-Dramatiques.

Blanquin, Folies-Dramatiques.
Bernay, Ambigu.
Battu (Dlle), Italiens.
Boisgontier (Dlle), Variétés.
Boswell, Cirque-Napoléon.
Bruyère (Dlle), Délassements-Comiques
Bertin (Mme), Odéon.
Basta (Dlle), Variétés.
Broown Fanny (Dlle), Covent-Garden.
Calvin, Folies-Dramatiques.
Camille (Dlle) Opéra.
Camille, Agence théâtrale.
Corali, Opéra.
Carabin (Dlle), Opéra.
Chapuy, —
Chapuy (Mme), Porte-Saint-Martin.
Cassecrain (Dlle), Opéra.
Céleste (Dlle), —
Clara (Dlle), Folies-Dramatiques.
Colas-Stella (Dlle), Français.
Colas Augusta (Dlle).
Colas Octavie (Dlle).
Céreza (Dlle), Cirque-Impérial.
Cécile (Dlle), Opéra.
Ceretti (Dlle), Opéra-Comique.
Colbrun, Cirque-Impérial.
Chatenet (Dlle), Opéra-Comique.
Cico (Dlle), Palais-Royal.
Clémentine (Dlle), Théâtre-Déjazet.
Caroline (Mme), Opéra.
Clerc (Dlle), Théâtre-Déjazet.
Chatelot (Dlle), Porte-Saint-Martin.
Chéri Rose (Dlle), Gymnase.
Clarisse (Dlle), Porte-Saint-Martin.
Chevalier (Dlle) —
Croci Fernando, Cirque-Impérial.
Croci Fernando (Mme) —
Cassard (Dlle), —
Claire (Dlle), Folies-Dramatiques.
Camille (Dlle), Hippodrome.
Cœuilte, Théâtre-Lyrique.

Castellano, Ambigu.
Casimir, Folies-Dramatiques.
Clémence (Dlle), Cirque-Impérial.
Couderc, Délassements-Comiques.
Claire (Dlle), Folies-Dramatiques.
Colbrun (Mme), Bouffes-Parisiens.
Céline (Dlle), Théâtre-Déjazet.
Capello, Italiens.
Clara (Dlle), Ambigu.
Courtès, —
Christian, Variétés.
Charier, —
Cléophas, Opéra.
Claire (Dlle), Délassements-Comiques.
Constance (Dlle), Variétés.
Chatillon (Mme), Odéon.
Chandora, Folies-Dramatiques.
Danse (Mlle), Opéra.
Dansfeld N. (Dlle) —
Dansfeld aînée (Dlle), —
Deléonet Ainée (Dlle), —
Deléonet jeune (Dlle), —
Duchatelet (Dlle), Folies-Dramatiques.
Delaunay, Français.
Delaistre (Mlle), Ambigu.
Dumaine, Gaité.
Darty (Mlle) Porte-Saint-Martin.
Daudoir (Dlle) —
Dabbas aînée (Dlle), —
Dabbas jeune (Dlle), Opéra.
Defodon (Dlle), Ambigu.
Derville Olympe (Dlle), Folies-Dramatiques.
Derosnay (Dlle) Variétés.
Désirée (Dlle), Porte-Saint-Martin.
Desrieux, Gymnase.
Delahaye (Dlle), Odéon.
Deane (Dlle), ballet de Covent-Garden.
Delan F. (Dlle), Porte-Saint-Martin.
de la Pommeraye (Dlle), Opéra.
Duchemin, Ambigu.

Delval (Dlle), Gymnase.
Delaistre, Cirque-Impérial.
Desclos (Dlle), Bruxelles.
Derville (Dlle), Cirque-Impérial.
Ducimetière (Dlle), Opéra.
Derieux (Dlle), théâtre de Bordeaux.
Derval,   Gymnase.
Dieudonné,   —
Dieudonné (Mme),   —
Drian, Folies-Dramatiques.
Déjazet (Dlle).
Dominique (Mme), Opéra.
Damande (Dlle), Délassements Comiques.
Daubigny.
Durosay (Dlle), Folies-Dramatiques.
Darcier, Cirque-Impérial.
Dai-Fiori, Italiens.
de Vecchi Carlotta (Dlle), Porte-Saint-Martin.
Dalmondi (Dlle), Italiens.
Désiré, Bouffes-Parisiens.
Dauve (Dlle), Opéra.
Dumaine Paul, Cirque-Impérial.
Dambricourt (Dlle), Odéon.
Esther (Dlle), Folies-Dramatiques.
Esclozas (Dlle), Cirque-Impérial.
Eugénie (Dlle), Opéra.
Edwards, clown, deux Cirques.
Emarot (Dlle), Opéra.
Eydens (Dlle), Cirque-Impérial.
Eugénie,   —
Ennis (Dlle), ballet de Covent-Garden.
Elu (Dlle), Cirque-Impérial.
Esther Moise (Dlle), Ambigu.
Eugénie (Dlle), Porte-Saint-Martin.
Esther (Dlle), Variétés.
Eléonore (Dlle), Folies-Dramatiques.
Emma (Dlle), Variétés.
Estelle (Dlle), Porte-Saint-Martin.
Eugène, Gaîté.

Esclozas, Cirque.
Fechter, Porte-Saint-Martin.
Fiocre Louise (Dlle), Opéra.
Fiocre Eugénie (Dlle)   —
Fleury-Emma (Dlle), Français.
Fleury (Dlle), Saint-Pétersbourg.
Fréret, Opéra.
Francisque jeune, Gymnase.
Fréval Lucie (Dlle), Porte-Saint-Martin.
Febvre, Ambigu, Odéon, Vaudeville.
Félicie (Dlle), Cirque-Impérial.
Félicie (Dlle), Porte-Saint-Martin.
Férus (Dlle), Cirque-Impérial.
Fournier (Dlle), Palais-Royal.
Fusch, maitre de ballets.
Félix, Folies-Dramatiques.
Fromant, théâtre-Lyrique.
Faivre (Mlles),   —
Faille, Ambigu.
Fix (Dlle), Français.
Feulon, Ambigu.
Franche (Dlle), Théâtre-Lyrique.
Favre (Dlle), Porte-Saint-Martin.
Gambelon (Dlle), Opéra.
Garnier (Dlle), Bouffes-Parisiens.
Genty (Dlle), Opéra.
Geoffroy (Mme), Cirque-Impérial.
Geoffroy, Gymnase.
Guerner (Dlle), Opéra.
Guyon (Mme), Français.
Guyon, Folies-Dramatiques.
Guyon (Mme).   —
Guichard (Dlle), Porte-Saint-Martin.
Grandet Marie (Dlle), Porte-Saint-Martin.
Godard, Folies-Dramatiques.
Garraud, Français.
Girardot, théâtre-Lyrique.
Genevois, Variétés.
Gouget, Cirque-Impérial.

Geoffroy, théâtre-Déjazet.
Godard, Variétés.
Gérard (Dlle), Délassements-Comiques.
Gervais, Variétés.
Graziani, Italiens.
Girard-Elodie (Dlle), Délassements-Comiques.
Gothi. —
Géraldine (Dlle), théâtre-Déjazet.
Godelle (Dlle), Cirque.
Grosse (Dlle), —
Garberoglio (Dlle), —
Gilbert (Mme), Ambigu.
Georgette (Dlle), Palais-Royal.
Gabrielle (Dlle), Porte-Saint-Martin.
Gabrielle (Dlle), Variétés.
Henri, Deux-Cirques.
Hoffmann, Folies-Dramatiques.
Henderson (Dlle), ballet de Covent-Garden.
Hudan (Dlle), ballet de Covent-Garden.
Honeg (Dlle), — —
Hélène (Dlle), Cirque-impérial.
Hennequart (Dlle), —
Hortense (Dlle), Folies-Dramatiques.
Hélène (Dlle), Variétés.
Hendelard, —
Harmand (Dlle), Délassements-Comiques.
Halbleib, Théâtre-Déjazet.
Hendebert, Folies-Dramatiques.
Henriette (Dlle), Délassements-Comiques.
Henri fils, Deux-Cirques.
Jeault, Folies-Dramatiques.
Jousse (Dlle), Opéra.
Jouvante (Mme), Français.
Julia (Dlle), Folies-Dramatiques.
Josse, Porte-Saint-Martin.
John-Blick, —
Jouassain (Dlle) Français.

Jeanne (Dlle), Délassements-Comiques.
Julia (Dlle), —
Julia (Dlle), Porte-Saint-Martin.
Julia (Dlle), Ambigu.
Juliette (Dlle), Opéra.
Jenneval, Cirque.
Kime, Odéon.
Karoli (Dlle), Odéon.
Laurent Eudoxie (Dlle), Cirque-impérial.
Lacroix Marie, Délassements-Comiques.
Luguet, Porte-Saint-Martin.
Luguet, Gymnase.
Luguet, Palais-Royal.
Laurent (Dlle), Opéra.
Lamy (Dlle), —
Laure (Dlle), Folies-Dramatiques.
Lecerf, Opéra.
Leroy, —
Leroyer (Dlle), Folies-Dramatiques.
Léonie (Dlle). —
Léotard, Deux-Cirques.
Loyal, —
Legros A. (Dlle), Folies-Dramatiques.
Lefebvre (Dlle), Opéra.
Lenfant. —
Lebel, Cirque-Impérial.
Lowel I. I. (Dlle), ballet de Covent-Garden.
Lowell E. (Dlle), ballet de Covent-Garden.
Lefort, Gymnase.
Lemonnier, Cirque-impérial.
Lesage (Dlle), Opéra.
Léontine (Dlle) Vaudeville.
Leroy, Ambigu.
Lafontaine, Gymnase.
Laudrol, —
Laute, Ambigu.
Leclère, Variétés.

Leroy (Dlle), Opéra.

Leclère Louise (Dlle), Bouffes-Parisiens.

Leménil père, Saint-Pétersbourg.

Leménil fils, Gymnase.

Laurent, Porte-Saint-Martin.

Lagier Suzanne (Dlle), Gymnase.

Legrand Paul, Théâtre-Déjazet.

Lucile (Dlle), Palais-Royal.

Lacressonnière, Ambigu.

Lallemand, Délassements-Comiques.

Leautaud.

Lucien, Variétés.

Léona (Dlle), Délassements-Comiques.

Légrenay, Théâtre-Déjazet.

Lecerf (Dlle), Théâtre-Déjazet.

Lambquin (Mme), Français.

Louise (Dlle), Folies-Dramatiques.

Leua (Dlle), Italiens.

Lallaud (Dlle), Variétés.

Lavergne, Ambigu.

Lorentz, Palais-Royal.

Lagrange Pauline, Cirque-impérial.

Laboire, (Mlle), Italiens.

Léonce, Bouffes-Parisiens.

Léonie Leblanc (Dlle), Variétés.

Lamoureux (Dlle), New-York.

Lucchesi, Italiens.

Lemerle (Dlle), Ambigu.

Louvenard, Folies-Dramatiques.

Malo (Dlle), Opéra.

Marconnais (Dlle), Opéra.

Magilton, Hippodrome.

Masson 1re (Dlle), Opéra.

Masson 2me (Dlle),   —

Malézieux, Chansonnettes.

Mérante, Opéra.

Mercier (Dlle), Opéra.

Morlot (Dlle),   —

Millière (Dlle),   —

Moreau-Sainti (Dlle), Opéra.

Marcetti.

Montaland (Dlle), Porte-Saint-Martin.

Milla (Dlle), Ambigu.

Manuel, Gaîté.

Maria (Dlle), Folies-Dramatiques.

Morando (Dlle), Opéra.

Marquet (Dlle),

Morel (Dlle), Porte-Saint-Martin.

Magny (Dlle),   —

Molina (Dlle),   —

Moncelet (Dlle), Opéra.

Machanette, Ambigu.

Markais, Folies-Dramatiques.

Marguerite (Dlle), Cirque-impérial.

Mentz (Dlle), Théâtre-Déjazet.

Millau, Variétés.

Menier, Folies-Dramatiques.

Monjauze, Théâtre-Lyrique.

Meillet (Mme),   —

Meillet,   —

Muscadel, Porte-Saint-Martin.

Muscadel (Mme), Marseille.

Monet et le ballet d'enfants.

Marguerite (Dlle), Palais-Royal.

Mélanie (Dlle), Gymnase.

Martin, Ambigu.

Malvina Brache (Dlle), Odéon.

Monterasi (Dlle), Italiens.

Mélanie (Dlle), Délassements-Comiques

Melina (Dlle),   —

Mongcal (Dlle), Gaîté.

Mathet (Dlle), Italiens.

Moreau, Ambigu.

Mélanie (Dlle), Porte-Saint-Martin.

Miolan-Carvalho (Mme), Théâtre-Lyrique.

Monniot (Dlle), Italiens.

Mallet, Gaîté.

Montaubry (Dlle), Opéra.

Miroy Clarisse (Mme), Cirque-impérial.

Meyer (Dlle), Théâtre-Déjazet.

Mélanie Fèvre (Dlle), Délassements-Comiques.
Marck, Odéon.
Marchand, Opéra-Comique.
Nathalie (Dlle), Français.
Noel, Cirque-Impérial.
Nelly (Dlle), Porte-Saint-Martin.
Nantier (Dlle), —
Nella (Dlle), Opéra.
Noailles, Cirque-Impérial.
Nathalie (Dlle), Délassements-Comiques.
Olympe (Dlle), Délassements-Comiques.
Oscar, —
Patonnelle, Folies-Dramatiques.
Pascal (Dlle), —
Pauline (Dlle), Ambigu.
Pérey Charles, Gaîté.
Petit, Opéra.
Priston, Gymnase.
Protat (Dlle), Vaudeville.
Parade, Porte-Saint-Martin.
Philippe (Dlle), —
Petitpas, Opéra.
Pierron, Odéon.
Pitteri (Dlle), Opéra.
Paulin-Menier, Gaîté.
Poulain, Folies-Dramatiques.
Pauline (Dlle), —
Patriossi, Italiens.
Papillon, Folies-Dramatiques.
Page (Dlle), Cirque-Impérial.
Penco (Mme), Italiens.
Porto, —
Petit (Dlle), Ambigu.
Paurelle (Dlle), Délassements-Comiques.
Pauline (Dlle), Odéon.
Poully (Dlle), Opéra.
Pelletier, Folies-Dramatiques.

Pfau Joseph, Deux-Cirques.
Quesniaux (Dlle), Opéra.
Ramage (Dlle), Folies-Dramatiques.
Rébard (Dlle), Opéra.
Remond, —
Rey, Folies-Dramatiques.
Riquer Edile (Dlle), Français.
Richardson (Dlle), Ballet de Covent-Garden.
Richardson E. (Dlle), —
Rey (Dlle), Porte-Saint-Martin.
Rita (Dlle), —
Rosine (Dlle), Folies-Dramatiques.
Riquier (Mme), Opéra-Comique.
Renaud, Ambigu.
Raphaella Montero, Bordeaux-Paris.
Royer, Ambigu.
Roziès (Dlle), Théâtre-Lyrique.
Riquier Delaunaÿ, —
Rouvière, Porte-Saint-Martin.
Ristori (Mme), Italiens.
Riquier (Mme), Odéon.
A. Roger (Dlle), Déjazet.
Sapin, Opéra.
Sanlaville (Dlle), —
Ségaud (Dlle), —
Simon (Dlle), —
Saint-Léon, Saint-Pétersbourg.
Silvester (le Monstre), Deux-Cirques.
Sarah Tonca, —
Stapley (Dlle), Ballet de Covent-Garden.
Susmann Brunette (Dlle), Porte-Saint-Martin.
Susmann Sophie (Dlle), —
Schwartz Félicité (Dlle), Cirque-Impérial.
Schlosser (Dlle) Opéra.
Stembruger (Dlle), Porte-Saint-Martin.
Solange (Dlle), —
Soldi Guilio, Italiens.
Sidonie (Dlle), Porte-Saint-Martin.

Stainville (Dlle), Ambigu.
Saint-Just (Dlle), Bouffes-Parisiens.
Soldi, Italiens.
Sylvia Juditha (Dlle), Opéra.
Saqui (Mme), Hippodrome.
Steckel jeune, Deux-Cirques.
Thibert (Dlle), Opéra.
Touzard, —
Thierry, Variétés.
Touzé, Gymnase.
Taylor (Dlle), Ballet de Covent-Garden.
Taylor Fr. (Dlle), —
Taylor C. (Dlle), —
Théol, Cirque-Impérial.
Tourtois, Théâtre-Déjazet.
Thiron, Odéon.
Tordeus (Dlle). —
Tarlet (Dlle), Opéra.
Tosté (Dlle), Bouffes-Parisiens.
Vernet (Dlle), Opéra.
Vibon (Dlle), —
Wartel père, —
Wartel fils, Théâtre-Lyrique.

Veniat, Gaîté.
Victoria (Dlle), Gymnase.
Wertheimber (Dlle), Opéra-Comique.
Vecchi (Carlotta de), Porte-Saint-Martin.
William, Cirque-Impérial.
Williams (Dlle), Ballet de Covent-Garden.
Virginie, Cirque-Impérial.
Volet, —
Villiers (Mme Petit), Opéra.
Vigny, Folies-Dramatiques.
Valois (Dlle), Ambigu.
Valet (Dlle), Opéra.
Victorine (Dlle), Délassements-Comiques.
Wilfrid, —
Viltard, Folies-Dramatiques.
Vavasseur, —
Vestri, Italiens.
Zina Richard, Opéra.
Zucchini, Italiens.
Zevaco, Théâtre-Lyrique.

COLLECTION PIERRE PETIT

MAISONS SOUVERAINES

S. M. le Roi de Prusse.
S. M. Victor-Emmanuel, roi d'Italie.
S. A. R. le Prince Charles de Prusse.
S. A. le Grand-Duc de Bade.

S. A. R. le Prince Nicolas de Nassau.
S. A. le Prince de Furstemberg.
S. A. le Prince de Stourdza.

CLERGÉ

S. S. le Pape Pie IX.
S. E. le Cardinal Antonelli.
S. E. le Cardinal Donnet, archevêque de Bordeaux.
S. E. le Cardinal Gousset, archevêque de Reims.
S. E. Mgr. Sacconi, nonce apostolique.
Mgrs Bonnechose, archev. de Rouen.
Chalandon, — d'Aix.
Delamarre, — d'Auch.
Desprez, — de Toulouse
Menjaud, — de Bourges.
Ricciardi, — de Reggio.
Amanthon, évêque de Mossoul (Asie).
Bastide (de la) — de Puebla (Mexique).
Bouillerie (de la), évêque de Carcassonne.

Mgrs Cœur, évêque de Troyes.
Fillion, — de St-Claude.
Fruchaud, — de Limoges.
Landriot, — de La Rochelle.
Billet, Cardinal, év. de Chambéry
Cousseau, évêque d'Angoulême.
Cruice, — de Marseille.
Doney, — de Montauban.
Lyonnet, — de Valence.
Tirmarch, — d'Arras.
Mannyng, — de Wesminster
Marguery, — d'Autun.
Mazenod (de) — de Marseille.
Montuoro, — de Rovino.
Pallu du Parc, évêq. de Blois.
Pompaillier, — de Calédonie (Nouvelle-Zélande).
Rousselet, évêque de Seez.
Salzano, — de Tanesse.

Mgrs Sergent, — de Quimper.
Sola, — de Nice.
Turinaz, — de Tarentaise.
Vibert, — de Saint-Jean-
de-Maurienne (Savoie).
Morlot, archevêque de Paris.
M. Cutoli, secrét. de Mgr Morlot.

MM. Lemée, aum. de Mgr Morlot.
le curé de Saint-Eugène.
Gauthier, vicaire général.
Gérard, vicaire de Reims.
l'abbé Goumard, de l'église St-
Martin.

ARMÉES DE TERRE ET DE MER

Cavaignac, général.
Changarnier, —
Guiod, —
Guyon, —
Metman, —
Mongin, —
Paulin, —
Polhes, —
Saint-Yvon, —

Legoran de Tromelin, contre-amiral.
De Bourgon, général.
Soumain, — commandant la
place de Paris.
Garibaldi, général.
Ortega, —
Pellew, amiral anglais.
De Lorraine, colonel de génie au Bré-
sil.

DOCTEURS-MÉDECINS

MM. Archambault.
Beyran.
Blache.
Boulbène (de la).
Boulongne.
Bourdin.
Domère.
Donadieu.
Fauvel.
Guès.
Aubert (Ed.)
Audé.
Beauvais (de).
Boudon.
Cabarus.
Ducommun, oculiste.

MM. Lepetit.
Levacher.
Lévy (Michel).
Mayrargue.
Mengauld.
Mesnet.
Mottet.
Péan.
Piorry.
Renaud.
Richard.
Rostan.
Rossignol.
Trousseau.
Woilez.

BARREAU

MM. Delangle, ministre de la Justice.
Caraby, avocat.
Demarest, —
Favre (Jules), —
Lachaud, —
Nogent-Saint-Laurens, avocat.

MM. Sénard, avocat.
Paillard de Villeneuve, **avocat.**
Jousselin, substitut du procureur impérial.
Pinard, avocat général.
Sallé, —

PEINTRES

MM. Daubigny, paysagiste.
Ghequier (Alexis de).
Masson (Eugène).
Michelin (Jules), paysagiste.
Sechan (D).
Batut.
Baudit.
Bellel.
Brown.
Chavet.
Corot.
Courbet.
Decamps.

MM. Doré (Gustave).
Galletti.
Lavielle.
Lépaulle.
Lorentz.
Luminais.
Marchal (Charles).
Mérino.
Noël (Jules).
Scheffer (Ary).
Scheffer.
Vernet (Horace).
Wihl.

SCULPTEURS

MM. Clesinger.
Cambos.
Creissels.
Dantan jeune.

MM. Franceschi.
Fratin.
Lami.
Roubaud.

MUSIQUE

COMPOSITEURS

MM. Adam (Adolphe).
Alary.
Arban.
Bach (S).
Batta.
Berton (Henri Mouton).
Beethoven.
Berlioz (Hector).
Blaquières (Paul),
Boïeldieu.
Chassin.
Chérubini.
Czerny (Carl).
David (Félicien).
Donizetti.
Ettling (Emile).
Gabrielli (le comte).
Gevaërt.
Gounod (Charles).
Gluck.
Haendel.

MM. Halévy.
Haydn.
Hérold.
Membrée (Edouard).
Mendelssohn-Bartholdy.
Meyerbeer (Giacomo).
Métra.
Mozard.
Muzard fils.
Paër.
Plantade (Charles).
Poisot (Charles),
Rousselot.
Schubert (François).
Spontini.
Strauss (de Vienne).
Verdi.
Wagner (Richard).
Weber (Carl-Marie-Yon).
Wekerclin.

INSTRUMENTISTES

MM. Armengaud, violoniste.
Aubin (Mlle), pianiste.
Bériot (Charles de).
Blumenthal (Jacques).
Braga, violoncelliste.
Champon (Mlle Delphine), organiste.

MM. Chopin, pianiste.
Duvernoy, professeur au conservatoire impérial.
Escudier-Kastner (Mme Rosa), pianiste.
Godard, pianiste.
Goria, pianiste.

En vente chez Charles GAUDIN, à Paris.

MM. Herz (Henri), pianiste.
Hummel, pianiste.
Jacquart, violoncelliste.
Jaëll (Alfred), pianiste.
Kalkbrenner, —
Kalkbrenner (Arthur).
Lafont, violoniste.
Lamoury, violoniste.
Lamoury jeune, violoncelliste.
Lecouppey, pianiste.
Lefébure-Wély, organiste.
Legendre, cornettiste.
Liszt, pianiste.
Milanollo (Teresa et Maria).
Magnus, pianiste.
Mocker (Melchior), pianiste.
Nathan (Ernest).

MM. Osborne, pianiste.
Pfeiffer, —
Prudent (Émile), pianiste.
Quidant (Alfred), —
Ravina, —
Rousselet, pianiste.
Seligman, violoncelliste.
Servais, violoncelliste.
Sivori, violoniste.
Thalberg (Sigismond).
Vieuxtemps (Henri).
Vuille, clarinettiste.
Wienawski (Henri), violoniste.
Wrobleski, pianiste.
Wolff (Édouard), —
Yung (Mme), —

LITTÉRATURE

POÈTES, ROMANCIERS, AUTEURS DRAMATIQUES PUBLICISTES, ETC

MM. About (Edmond).
Aymard (Gustave).
Anicet Bourgeois.
Assolant.
Aubryet (Xavier).
Avenel (Paul).
Barthet (Armand).
Bataille (Charles).
Bell (Georges).
Bellet. *Patrie.*
Bédolière (de la), *Siècle.*
Bernard (Pierre).

MM. Bertrand (Jules).
Besnard. *Siècle.*
Biéville (de), *Siècle.*
Blum (Ernest).
Boisseaux (Henri),
Boniface. *Constitutionnel.*
Bonnet. *Indépendance Belge.*
Bourdin. *Figaro.*
Bourget (Ernest).
Boyer (Philoxène).
Castagnary.
Carmouche.

MM. Chamfleury.

Chapus (Eugène).

Chasles (Philarète).

Chateaubriand (vicomte de).

Cogniard (Théodore).

Coligny (Charles).

Courcy (Charles de).

Crémieux (Hector).

Cucheval-Clarigny.

Cuzon (Léon).

Cooper (Fenimore).

Dalloz. *Moniteur*.

Doucet (Camille).

Dupont (Pierre), chansonnier.

Duvernois (Clément).

Dauriac (Eugène). *Siècle*.

Dell' Brigth. *Gaulois*.

Delord (Taxile). *Siècle*.

Desarbres (Nérée).

Duboys, auteur dramatique.

Duchesne (Alphonse).

Dugué (Ferdinand).

Dupeuty, auteur dramatique.

Esnault (Louis).

Essarts (Alfred des).

Ferry (Paul).

Féval (Paul).

Flan (Alexandre).

Fonvielle (Ulric de).

Fremy (Arnould). *Charivari*.

Grandguillot.

Gaïffe (Adolphe).

Gatayes (Léon).

Girardin (Emile de).

Girardin (Mme Delph. Gay de).

Gourdon (Edouard).

Grandfort (Mme de).

Grangé (Eugène).

Grosselin. *Siècle*.

Guéronnière (vicomte de la).

Havin. *Siècle*.

MM. Hébrard. *Temps*.

Houssaye (Arsène).

Hugo (Victor).

Ivoy (Paul d').

Jaime fils.

Joncières. *Patrie*.

Jourdan (Louis). *Siècle*.

Karr (Alphonse).

Lassalc (Albert de).

Legendre. *Figaro*.

Legouvé (Ernest).

Lemercier de Neuville.

Limayrac (Paulin). *Pays*.

Leroy (Louis). *Charivari*.

Loardal. *Siècle*.

Loménie (de).

Lopez (Bernard).

Lucas (Hippolyte).

Lucas (Jules). *Figaro*.

Mahalin (Paul).

Moineaux (Jules).

Montépin (Xavier de).

Moreau (Eugène).

Mürger (Henri).

Naquet (Napoléon).

Nefftzer. *Temps*.

Noirot (A).

Noriac (Jules).

Pacini (Émilien).

Pelloquet (Théodore).

Peyrat (Noël). *Presse*.

Plouvier (Edouard).

Pitre-Chevalier.

Prevel (Jules). *Figaro*.

Proudhon.

Révillon (Tony).

Révoil.

Roger de Beauvoir.

Rousseau (Jean). *Figaro*.

Rousset. *Siècle*.

Schiller.

M. Scholl (Aurélien).
   Ségalas (Mme Anaïs).
MM. Simon (Jules).
   Siraudin, auteur dramatique.
   Solié (Emile). *Siècle.*
   Texier (Edmond). *Siècle.*
   Tranchant (Alfred). *Patric.*
   Uchard (Mario).

MM. Vaquerie (Auguste).
   Vaudin. *Orphéon.*
   Veuillot (Louis).
   Villiaumé.
   Villemot. *Figaro.*
   Warambon.
   Wey (Francis).

CÉLÉBRITÉS DIVERSES

MM. Chevalier (Michel), sénateur.
   Mirabeau (le comte).
   Rochejacquelin (marquis de la).
   Taylor (le baron).

MM. Gaston (de), prestidigidateur.
   Malézieux, chanteur comique.
   Pons, professeur d'escrime.
   Robert-Houdin, prestidigidateur.

ADMINISTRATIONS DRAMATIQUES

MM. Benou, directeur du Vaudeville.
   Boïeldieu, ancien secrétaire du théâtre du Vaudeville.
   Calzado, directeur du théâtre Impérial Italien.
   Dormeuil père, directeur du théâtre du Vaudeville.
   Dormeuil fils, directeur du Palais-Royal.
   Fournier (Marc), directeur de la Porte-St-Martin.

MM. Mitchels (Gaston), administrateur du théâtre des Bouffes-Parisiens.
   Plunkett, directeur du théâtre du Palais-Royal.
   Ricourt, directeur du théâtre des jeunes Artistes.
   Ritt, directeur co-associé du théâtre de l'Ambigu.
   Rounat (Charles de la), directeur du théâtre Impérial de l'Odéon.

ARTISTES DE L'ORCHESTRE DE L'OPÉRA

MM. Dietch, chef de l'orchestre de l'Opéra.
   Altès (Ernest). premier violon.
   Colonne, premier violon.
   Garcin,   —
   Goul,   —

MM. Lancien, premier violon.
   Leudet,   —
   Mainvieille,   —
   Marchand,   —
   Perier,   —
   Saënger (Ernest), —

MM. Tellezenski, premier violon.
    Willaume,   —
    Aubery,   second violon.
    Pilout,   —
    Jacobi,   —
    Milault,   —
    Rochefort,   —
    Robicquet,   —
    Thibout,   —
    Tolbecque,   —
    Tolbecque aîné, —
    Venettoz,   —
    Viollet,   —
    Adam,   Alto.
    Collongues,   —
    Frédrich,   —
    Gard,   —
    Givre,   —
    Henricet,   —
    Deldevez, sous-chef d'orchestre de
     l'Opéra.
    Millaud, 2ᵉ   Alto.
    Viguier,   —
    Desmarest, violoncelle.
    Dufour,   —
    Guérout,   —
    Loys,   —
    Marx, 1ᵉ   —
    Marx, 2ᵉ   —
    Norblin,   —
    Pilet,   —
    Robaud,   —
    Tilmant,   —
    Deslandres, contre-basse.
    Gouffé (A.)   —
    Mante,   —
    Pasquet,   —
    Perot,   —

MM. Bailly,   contre-basse.
    Taite,   —
    Verrimst,   —
    Barthélemy, hautbois.
    Corret,   —
    Cras,   —
    Duprez,   clarinette.
    Leroy,   —
    Rose,   —
    Altès (Henri),   flûte.
    Dorus,   —
    Leplus,   —
    Duvernoy,   cor.
    Halary.   —
    Mohr,   —
    Rousselot,   —
    Vanhaute,   —
    Cokken,   basson.
    Devoir,   —
    Verroust jeune, —
    Villaufret,   —
    Dubois (E.), trompette.
    Dubois (F.),   —
    Forestier,   cornet.
    Maury,   —
    Dantonnet, trombone.
    Dieppo,   —
    Simon,   —
    Lahou,   ophicléïde.
    Gillette,   harpiste.
    Dretzin,   —
    Emery, 1ᵉʳ timbalier.
    Semet, 2ᵐᵉ timbalier-tambour.
    Tardif, cymbalier.
    Cailloué, grosse-caisse.
    Hénon, triangle.
    Vauthrot, chef de chant.

ARTISTES DRAMATIQUES

ACADÉMIE IMPERIALE DE MUSIQUE

Mmes	Aimez,	chant.	Mmes	Guichert,	ballet.
	Bengraff,	—		Guy-Stéphan,	—
	Cruvelli (Sophie),	—		Hubert,	—
	Masson,	—		Lacroix,	—
	Pradher.	—		Laurent,	—
	Rouanlt.			Leroux (Pauline),	—
	Tedesco,	—		Lescars.	—
	Vandenheuvel-Duprez,	—		Marquet (Louise),	—
	Vesvali,	—		Mathilde,	—
	Viardot (Pauline).	—		Mauperin aînée,	—
MM.	Bailly,	—		Mauperin jeune,	—
	Bonnehée,	—		Morando,	—
	Dumestre,	—		Morlot,	—
	Duprez,	—		Obin.	—
	Marié,	—		Parent,	—
	Morelli.	—		Petit,	—
	Renard,	—		Petipa,	—
	Roger,	—		Pitteri,	—
	Wartel,	—		Rosati,	—
Mmes	Blanche,	ballet.		Rousseil,	—
	Bulher,	—		Saville,	—
	Caroline,	—		Schlosser,	—
	Cassegrain,	—		Simon,	—
	Cerito,	danseuse.		Taglioni,	—
	Corali,	ballet.	MM.	Berthier,	—
	Corine,	—		Chapuis,	—
	Emarot,	—		Coralli,	—
	Ferraris,	—		Cornet,	—
	Fiocre,	—		Lenfant,	—
	Gabot,	—		Masso	—
	Génat,	—		Mazillier,	—

MM.	Mérante,	ballet.	MM.	Rémond,	ballet.
	Obin,	—		Roudil.	—
	Quentin,	—			

COMÉDIE FRANÇAISE

Mmes	Bonval.	MM.	Bressant.
	Brohan (Augustine).		Garraud.
	Brohan (Madeleine).		Jouanni.
	Dupont.		Maillart.
	Favart.		Mathieu.
	Figeac.		Metrême.
	Fleury (Emma).		Mirecourt.
	Jouassin.		Monrose.
	Jouvante.		Provost père.
	Lambquin.		Provost fils.
	Royer (Marie).		Régnier.
	Dupont (Marie).		Samson.
	Riquier (Édile).		Worms.
M.	Ariste.		

THÉÂTRE IMPÉRIAL ITALIEN

Mmes	Bosio.	MM.	Lablache.
	Brunetti.		Mario.
	Dottini.		Rubini.
	Malibran.		Tagliafico.
	Sontag.		Tamberlick.
	Trebelli.		Tamburini.

THÉÂTRE IMPÉRIAL DE L'OPÉRA-COMIQUE

Mmes	Balbi.	Mmes	Prost.
	Bélia (Zoé).		Rozies.
	Bousquet.		Tieblement (Fanny).
	Cabel (Marie).	MM.	Ambroise.
	Cordier.		Barrielle.
	Damoreau-Cinti.		Bataille.
	Monrose.		Berthelier.

En vente chez Charles GAUDIN, à Paris.

MM.	Caussade.	MM.	Nathan.
	Capoul.		Palianti.
	Crosti.		Papin.
	Duvernoy fils.		Ponchard père.
	Duvernoy père et fils, groupe.		Ponchard fils.
	Gourdin.		Prilleux.
	Holtzem.		Puget.
	Jourdan.		Sainte-Foy.
	Lemaire.		Troy.
	Masset.		Warot.
	Montaubry.		

THÉATRE IMPÉRIAL DE L'ODÉON

Mmes	Agar.	MM.	Emmanuel.
	Arène.		Étienne.
	Beuzeville.		Fréville.
	Debonne (Anna).		Gibeau.
	Delahaye.		Harville.
	Harville-Brindeau.		Kime.
	Karoly.		Marck.
	Lemaire.		Philippe.
	Mosé.		Pierron (Eugène).
	Picard.		Rey.
	Ramelli.		Ribes.
	Regny.		Riga.
	Ristori.		Roger.
	Simon.		Saint-Léon.
	Thuillier.		Scipion.
MM.	Brisssart.		Thiron.
	Dubarry.		Tisseraut.

THÉATRE LYRIQUE

Mmes	Baretti.	MM.	Lefort (Jules).
	Faivre (Amélie).		Riquier-Delaunay.
	Girard.		Stenman.
	Orwil.		Wartel (Émile).

THÉATRE DU GYMNASE

Mmes Antonine.
    Bloch.
    Cellier.
    Dieudonné.
    Georgette.
    Lagier (Suzanne).
    Mélanie.
    Pélissier.

MM. Berton fils.
    Desrieux.
    Dieudonné.
    Lafont.
    Landrol.
    Leménil fils.
    Priston.
    Lafontaine.

THÉATRE DU VAUDEVILLE

Mmes Alexis.
    Bressant (Marie).
    Brindeau.
    Doche.
    Duplessy.
    Fargueil.
    Granier (Irma).
    Guillemin.
    Manvoy (Athalie).

Mme Simon.
MM. Chaumont.
    Febvre.
    Félix.
    Galabert.
    Joliet.
    Munié.
    Nertann.
    Schaub.

THÉATRE DES VARIÉTÉS

Mmes Abingdon.
    Bruet (Ernestine).
    Clotilde.
    Delphine.
    Durand (Lucile).
    Eugénie.
    Gervais.
    Giraudon (de).
    Hamen (d').
    Jeanne.
    Leblanc.
    Marly.

Mmes Moïse.
    Scriwaneck.
    Sophie.
    Suzanne (Ernestine).
MM. Bouffé.
    Christian.
    Grenier.
    Henzey.
    Leclère.
    Pastelot.
    Raynard.
    Thierry.

THÉATRE DU PALAIS-ROYAL

Mᵐᵉˢ Cico (Pauline).
Deschamps (Elisa).
Dubouchet.
Georgette.
Mathilde.
Thierret.

MM. Amant.
Brasseur.
Delannoy.
Hyacinthe.
Lassouche.
Luguet (Réné).
Poirier

THÉATRE DE LA PORTE-SAINT-MARTIN

Mᵐᵉˢ Abolard (Lucie).	Drame.	Mᵐᵉˢ Emely.	ballet.
Albert.	—	Fiorini (Esther).	—
Darty.	—	Fiorini (Marie).	—
Grandet (Marie).	—	Magny (Virginie).	—
Montaland (Céline),	—	Martini.	—
Mˡˡᵉ Virginie.	Drame.	Mary.	—
MM. Laray.	—	Mazippe.	—
Molina.	—	Mélina.	—
Provers (de).	—	Perla (Carolina).	—
Lacressonnière.	—	Perla (Erminia).	—
Mᵐᵉˢ Bossi (Giuseppina).	Ballet.	Robert (Adèle).	—
Chapuy.	—	Stenebruggen.	—
Cheldi (Adèle).	—	Zélia.	—
Chevallier.	—	Borelli.	—
Clauzade.	—	Fiordalice.	—
Delan (Félicie).	—	Magny.	—

THÉATRE DE L'AMBIGU-COMIQUE

Mᵐᵉˢ Armandine.
Defodon.
Rima.
Mˡˡᵉ Lélia Navarre.

MM. Laute.
Brindeau.
Delacroix.
Faille.
Omer.

THÉATRE DE LA GAITÉ

Mmes Adolphine.	MM. Dumaine.
Clarence (Juliette).	Eugène.
David.	Paulin (Menier).
Fontenelle.	

THÉATRE IMPÉRAL DU CIRQUE

Mmes Geoffroy.	Drame.	Mme Dedieu.	Ballet.
Page.	—	Guillemin et Saphie.	—
Pierson.	—	Hennecart.	—
Vigne.	—	Léontine Chatenay.	—
MM. Colbrun.	—	Moïse (Esther).	—
Laferrière.	—	Weysmaëll.	—
		M. Francesco (de).	—

THÉATRE DES BOUFFES-PARISIENS

Mmes Lucile.	MM. Désiré.
Pfotzer.	Duvernoy.
Véron (Henriette).	Léonce.
Mlle Nathier.	Potel.

THÉATRE DÉJAZET

M. Geoffroy.	M. Tissier.

THÉATRE DES DÉLASSEMENTS

Mmes Alice la Provençale, 20 poses.	Mlle Rigolboche, 20 poses.
Brugère.	MM. Mérigot.
Busseret.	Léotard.
Mélina.	

THÉATRE DES JEUNES ARTISTES

Mlle Delisle. | Mlle Nordy (Joséphine).

HIPPODROME

Mmes Amica.   Concert Muzard. | Mmes Herman. —
      Duhem.   Lallier.
      Génin.   Moreau. —

THÉATRE DE LA PROVINCE ET DE L'ÉTRANGER

Mmes Barbot. | MM. Dufrêne.
      Bertoni.   Fechter.
      Bioletti (Ernesta).   Leménil père.
      Borghèse (Juliette).   Mutel (Alfred).
      Cambardi.   Neuville.
      Charton-Demeure.   Reichardt.
      Francesco (les sœurs).   Ribert.
      Galli-Marié.   Saint-Léon.
      Leménil.   **STOCKOLM**
      Lind (Jenny).   Mme Augusta, danseuse.
      Marmet (Mélina).   **LYON**
      Nantier-Didier.   M.   Campo-Casso.
      Piccolomini.   **HAMBOURG**
      Riquier-Delaunay.   Lacombe.
      Stoltz.   **BRUXELLES**
      Théric.   Mme Léon.
MM. Barbot.   **TURIN**
      Bataille (Eugène).   Mlle Roussel.

COLLECTIONS DIVERSES

Pie IX.
Roi de Naples.
Reine de Naples.
Louis XVI au Temple.
Marie-Antoinette au Temple.
Roi de Bavière.
Reine de Bavière.
Reine Victoria.
Prince Albert
Duc de Galles.
Prince et princesse royale de Prusse.
Grand-Duc Nicolas de Russie.
Duc de Cambridge.
Duc de Nemours.
Prince de Joinville.
Duc d'Aumale.
Duc de Montpensier.
Comte de Trani.
Comtesse de Trani.
Comte John Russell.
Général Lamoricière.
Général de Goyon.
Général Bosco.
Général Turr.
Pie IX et les prélats.
Cardinal Antonelli.
Cardinal Mérode (de).
Mgr Dupanloup.

Mgr Pie, évêque de Poitiers.
Mgr Plantier, évêque de Nimes.
Brame, (député).
Darimon,   —
Picard,   —
Bright, parlement anglais.
Palmerston.
Grey (Lord).
Granville (Lord).
Cobden (Richard).
Curé d'Ars.
Espartero.
Kossuth.
Mazzini.
Missori.
Schamyl.
Auber, compositeur.
Balzac.
Charrette (les trois).
Mirès.

GROUPES

Les deux Empires.
Les quatre Napoléon.
Les princes de l'harmonie.
Les pères des quatre Napoléon.
Les mères des quatre Napoléon.
Les quatre papes.
Les quatre archevêques.

VUES PRISES EN SUISSE ET EN SAVOIE

Par BISSON Frères

Suit la nomenclature :

SAVOIE.	SUISSE.
Chamonix.	Lauzanne.
Aiguille du Dru et aiguille Verte.	Château Chillon.
Le Montanvers et les Charmoz.	Le Grand Saint-Bernard.
Les grandes Jorasses et le Talcul.	Sion.
Seracs du Géant.	Village de Viège.
Le Mont-Blanc, vu du Jardin.	Village de Saint-Nicolas.
Mer de glace et les Charmoz.	Zermatt et le Gervin.
Les Bossons, chemin du Mont-Blanc.	Le Gervin du Riffel.
Ascension au Mont-Blanc. (*Rencontre des Bossons et du Taconay*).	Le Mont-Rose.
Ascencion au Mont-Blanc. (*Départ des grands mulets*).	La Lyskamm. (*Chaîne du Mont-Rose*).
La Chaîne du Mont-Blanc, vue du Buet.	Les Gémaux (Castor et Pollux). (*Chaîne du Mont-Rose*).
Vallée de Sixt.	Le Col de Saint-Théodule. (*Chaîne du Mont-Rose*).

S. A. LE PRINCE IMPÉRIAL
(4 poses)
Photographié en 1862

SUJETS ARTISTIQUES ET RELIGIEUX

ALBUMS ET ENCADREMENTS
DE TOUTES SORTES
POUR CARTES DE VISITE

STÉRÉOSCOPES ET VUES STÉRÉOSCOPIQUES
DE TOUS LES PAYS

PARIS. — IMPRIMERIE PARISIENNE.
DUPRAY DE LA MAHERIE et Cie, 20, boulevard Bonne-Nouvelle (Impasse des Filles-Dieu, 5).